读典季羡林·轻收藏书系

论人生

季羡林 著

清华大学出版社
北京

本书封面贴有清华大学出版社防伪标签，无标签者不得销售。
版权所有，侵权必究。举报：010-62782989，beiqinquan@tup.tsinghua.edu.cn。

图书在版编目（CIP）数据

论人生 / 季羡林著 . —北京：清华大学出版社，2023.3
（读典季羡林 . 轻收藏书系）
ISBN 978-7-302-62939-9

Ⅰ.①论… Ⅱ.①季… Ⅲ.①人生哲学－文集 Ⅳ.① B821-53

中国国家版本馆 CIP 数据核字 (2023) 第 038954 号

责任编辑：	宋冬雪
封面设计：	左左工作室
责任校对：	王荣静
责任印制：	杨　艳

出版发行：清华大学出版社
　　　网　　　址：http://www.tup.com.cn，http://www.wqbook.com
　　　地　　　址：北京清华大学学研大厦 A 座　　邮　编：100084
　　　社 总 机：010-83470000　　邮　购：010-62786544
　　　投稿与读者服务：010-62776969，c-service@tup.tsinghua.edu.cn
　　　质 量 反 馈：010-62772015，zhiliang@tup.tsinghua.edu.cn
印 装 者：三河市东方印刷有限公司
经　　销：全国新华书店
开　　本：148mm×210mm　　印　张：8　　字　数：134 千字
版　　次：2023 年 4 月第 1 版　　印　次：2023 年 4 月第 1 次印刷
定　　价：56.00 元

产品编号：100377-01

编者的话

2023年，距离季老2009年离世已经过了14年。这14年，世界改变了很多，唯一恒定，可以带给我们安全感的，阅读是一种，特别是阅读如季老这样的大师的经典作品。

相较于层出不穷的新的文字内容、新的表达方式，经典作品如祖母永远向我们敞开的温暖怀抱，只要我们需要，只要我们走近并伸出双手捧起图书，就可以随时沉浸其中。借由文字，仿佛生了同作者一样的眼睛与心灵，去捕捉细微的触动，并与其共鸣。

季老一生笔耕不辍，尤其偏爱散文，觉得散文最能得心应手，灵活圆通，并创作了大量脍炙人口的名篇。季老认为，散文的精髓在于"真情"二字，"理想的散文是淳朴而不乏味，流利而不油滑，庄重而不板滞，典雅而不雕琢"。他的散文作品，也切实践行着这样的标准。

我们希望，能有一套书，能在读者和季老的散文作品之间搭建起一座桥梁，让这些经典隽永，或美丽或可爱或柔情或带有痛感或清醒睿智的文字，被更多人口读心诵，发挥其应有的价值与功用。"读典季羡林·轻收藏书系"就是这样一套书。

"读典季羡林·轻收藏书系"共包含四个分册，分别为《养猫记》《读书与写作》《论人生》《远行记》，收入季老作品共152篇。《养猫记》主要收入了季老写动物、植物以及雨雾等自然现象的文章，其中包含名篇《夹竹桃》《马缨花》等，这些文章生动体现了季老笔下万物皆有灵，皆可入怀和入笔的细腻情怀。《读书与写作》分册，如其名则收入了季老关于读书、写作两个话题的文章，可见季老对书之偏爱，对于阅读的见解，以及关于写作的独特见地。《论人生》收入了季老几乎所有关于人生的智慧与观点的文章，话题涉及众多，如人生的意义与价值、爱情、成功、勤奋与机遇、压力、恐惧、变老等，可谓丰饶且营养丰富。《远行记》则精选了与旅游有关的散文，涵括国内、欧洲及亚洲诸多自然及人文风景胜地，可在文字中与季老一起畅游世界。

另外，我们在每本书里还赠送了一张藏书票，上面的那句"不要让脑筋闲着"是季老常说的一句话，也是他自认为保持长寿的秘诀。同时，在藏书票上我们放了季老的一枚藏书章，季老爱书如命，相信能看到这里的你也必然是爱书的人，希望你喜欢。

最后，期待你享受阅读这套书。

2023年3月

目 录

漫谈人生

人生	002
再谈人生	005
三论人生	008
人生的意义与价值	011
不完满才是人生	014

很多人生智慧

爱情	020
时间	027

成功	032
勤奋、天才（才能）与机遇	035
我害怕"天才"	038
傻瓜	041
坏人	044
毁誉	047
送礼	050
世态炎凉	056
趋炎附势	059
目中无人	062
三思而行	066
难得糊涂	069
长生不老	072
笑着走	075
谈礼貌	078
论压力	081
论恐惧	084
论正义	087
论朋友	095
漫谈撒谎	098
我们为什么有时候应当说谎？	103

论说假话	106
漫谈消费	109
走运与倒霉	115
牵就与适应	118
谦虚与虚伪	121
缘分与命运	124
做人与处世	127
知足知不足	130
有为有不为	133
满招损，谦受益	136
糊涂一点　潇洒一点	139
睁一只眼　闭一只眼	143
对待不同意见的态度	146
真理愈辨愈明吗?	149
论怪论	152

关于老去

谈老	156
谈老年	159

再谈老年	167
老年谈老	170
老少之间	176
忘	179
老年十忌	185
老年四"得"	206
八十述怀	209
九十述怀	216
九三述怀	229
九十五岁初度	236
养生无术是有术	241
长寿之道	244

漫谈人生

人生

在一个"人生漫谈"的专栏①中,首先谈一谈人生,似乎是理所当然的,未可厚非的。

而且我认为,对于我来说,这个题目也并不难写。我已经到了望九之年,在人生中已经滚了八十多个春秋了。一天天面对人生,时时刻刻面对人生,让我这样一个世故老人来谈人生,还有什么困难呢?岂不是易如反掌吗?

但是,稍微进一步一琢磨,立即出了疑问:什么叫人生呢?我并不清楚。

不但我不清楚,我看芸芸众生中也没有哪一个人真清楚的。古今中外的哲学家谈人生者众矣。什么人生意

---

① 指作者 1996 年起在上海《新民晚报》副刊"夜光杯"开设的个人专栏。

义,又是什么人生的价值,花样繁多,扑朔迷离,令人眼花缭乱;然而他们说了些什么呢?恐怕连他们自己也是越谈越糊涂。以己之昏昏,焉能使人昭昭!

哲学家的哲学,至矣高矣。但是,恕我大不敬,他们的哲学同吾辈凡人不搭界,让这些哲学,连同它们的"家",坐在神圣的殿堂里去独现辉煌吧!像我这样一个凡人,吃饱了饭没事儿的时候,有时也会想到人生问题。我觉得,我们"人"的"生",都绝对是被动的。没有哪一个人能先制订一个诞生计划,然后再下生,一步步让计划实现。只有一个人是例外,他就是佛祖释迦牟尼。他住在天上,忽然想降生人寰,超度众生。先考虑要降生的国家,再考虑要降生的父母。考虑周详之后,才从容下降。但他是佛祖,不是吾辈凡人。

吾辈凡人的诞生,无一例外,都是被动的,一点主动也没有。我们糊里糊涂地降生,糊里糊涂地成长,有时也会糊里糊涂地夭折,当然也会糊里糊涂地寿登耄耋,像我这样。

生的对立面是死。对于死,我们也基本上是被动的。我们只有那么一点主动权,那就是自杀。但是,这点主动权却是不能随便使用的。除非万不得已,是决不能使用的。

我在上面讲了那么些被动，那么些糊里糊涂，是不是我个人真正欣赏这一套，赞扬这一套呢？否，否，我决不欣赏和赞扬。我只是说了一点实话而已。

正相反，我倒是觉得，我们在被动中，在糊里糊涂中，还是能够有所作为的。我劝人们不妨在吃饱了燕窝鱼翅之后，或者在吃糠咽菜之后，或者在卡拉OK、高尔夫之后，问一问自己：你为什么活着？活着难道就是为了恣睢的享受吗？难道就是为了忍饥受寒吗？问了这些简单的问题之后，会使你头脑清醒一点，会减少一些糊涂。谓予不信，请尝试之。

1996年11月9日

再谈人生

人生这样一个变化莫测的万花筒,用千把字来谈,是谈不清楚的。所以来一个"再谈"。

这一回我想集中谈一下人性的问题。

大家知道,中国哲学史上,有一个不大不小的争论问题:人是性善,还是性恶?这两个提法都源于儒家。孟子主性善,而荀子主性恶。争论了几千年,也没有争论出一个名堂来。

记得鲁迅先生说过:"人的本性是,一要生存,二要温饱,三要发展。"(记错了,由我负责。)这同中国古代一句有名的话,精神完全是一致的:"食色,性也。"食是为了解决生存和温饱的问题,色是为了解决发展问题,也就是所谓传宗接代。

我看，这不仅仅是人的本性，而且是一切动植物的本性。试放眼观看大千世界，林林总总，哪一个动植物不具备上述三个本能？动物姑且不谈，只拿距离人类更远的植物来说，"桃李无言"，它们不但不能行动，连发声也发不出来。然而，它们求生存和发展的欲望，却表现得淋漓尽致。桃李等结甜果子的植物，为什么结甜果子呢？无非是想让人和其他能行动的动物吃了甜果子把核带到远的或近的其他地方，落到地上，生入土中，能发芽、开花、结果，达到发展，即传宗接代的目的。

你再观察，一棵小草或其他植物，生在石头缝中，或者甚至压在石头块下，缺水少光，但是它们却以令人震惊得目瞪口呆的毅力，冲破了身上的重压，弯弯曲曲地、忍辱负重地长了出来，由细弱变为强硬，由一根细苗甚至变成一棵大树，再作为一个独立体，继续顽强地实现那三种本性。"下自成蹊"，就是"无言"的结果吧。

你还可以观察，世界上任何动植物，如果放纵地任其发挥自己的本性，则在不太长的时间内，哪一种动植物也能长满塞满我们生存的这一个小小的星球地球。那些已绝种或现在濒临绝种的动植物，属于另一个范畴，另有其原因，我以后还会谈到。

那么，为什么到现在还没有哪一种动植物——包括万物之灵的人类在内——能塞满了地球呢?

在这里,我要引老子的话:"天地不仁,以万物为刍狗。"是造化小儿——谁也不知道,他究竟有没有?他究竟是什么样子?我不信什么上帝,什么天老爷,什么大梵天,宇宙间没有他们存在的地方。

但是,冥冥中似乎应该有这一类的东西,是他或它巧妙计算,不让动植物的本性光合得逞。

1996年11月12日

三论人生

上一篇《再论》戛然而止,显然没有能把话说完,所以再来一篇《三论》。

造化小儿对禽兽和人类似乎有点区别对待的意思。它给你生存的本能,同时又遏制这种本能,方法或者手法颇多。制造一个对立面似乎就是手法之一,比如制造了老鼠,又制造它的天敌猫。

对于人类,它似乎有点优待。它先赋予人类思想(动物有没有思想和言语是一个有争论的问题),又赋予人类良知良能。关于人类本性,我在上面已经谈到。我不大相信什么良知,什么"恻隐之心,人皆有之";但是我又无从反驳。古人说:"人之所以异于禽兽者几希。""几希"者,极少极少之谓也。即使是极少极少,总还是有的。我个人胡思乱想，我觉得，在对待生物的生存、温饱、发展的本能的态度上，就存在着一点点"几希"。

我们观察，老虎、狮子等猛兽，饿了就要吃别的动物，包括人在内。它们决没有什么恻隐之心，决没有什么良知。吃的时候，它们也决不会像人吃人的时候那样，有时还会捏造一些我必须吃你的道理，做好"思想工作"。它们只是吃开了，吃饱为止。人类则有所不同。人与人当然也不会完全一样。有的人确实能够遏制自己的求生的本能，表现出一定的良知和一定的恻隐之心。古往今来的许多仁人志士，都是这方面的好榜样。他们为什么能为国捐躯？为什么能为了救别人而牺牲自己的性命？鲁迅先生所说的"中国的脊梁"，就是这样的人。孟子所谓的"浩然之气"，只有这样的人能有。禽兽中是决不会有什么"脊梁"，有什么"浩然之气"的，这就叫作"几希"。

但是人也不能一概而论，有的人能够做到，有的人就做不到。像曹操说："宁教我负天下人，休教天下人负我！"他怎能做到这一步呢？

说到这里，就涉及伦理道德问题。我没有研究过伦理学，不知道怎样给道德下定义。我认为，能为国家，为人民，为他人着想而遏制自己的本性的，就是有道德的人。能够百分之六十为他人着想，百分之四十为自己着想，他就是一个及格的好人。为他人着想的百分比越高越好，道德水平越高。百分之百，所谓"毫不利己、专门利人"的人是绝无仅有。反之，为自己着想而不为他人着想的百分比，越高越坏。到了曹操那样，就算是坏到了顶。毫不利人、专门利己的人，普天之下倒是不老少的。说这话，有点泄气。无奈这是事实，我有什么办法？

1996 年 11 月 13 日

人生的意义与价值

当我还是一个青年大学生的时候,报刊上曾刮起一阵讨论人生的意义与价值的微风,文章写了一些,议论也发表了一通。我看过一些文章,但自己并没有参加进去。原因是,有的文章不知所云,我看不懂。更重要的是,我认为这种讨论本身就无意义,无价值,不如实实在在地干几件事好。

时光流逝,一转眼,自己已经到了望九之年,活得远远超过了我的预算。有人认为长寿是福,我看也不尽然。人活得太久了,对人生的种种相,众生的种种相,看得透透彻彻,反而鼓舞时少,叹息时多。远不如早一点离开人世这个是非之地,落一个耳根清净。

那么,长寿就一点好处都没有吗?也不是的。这对了解人生的意义与价值,会有一些好处的。

根据我个人的观察,对世界上绝大多数人来说,人生一无意义,二无价值。他们也从来不考虑这样的哲学问题。走运时,手里攥满了钞票,白天两顿美食城,晚上一趟卡拉OK,玩一点小权术,耍一点小聪明,甚至恣睢骄横,飞扬跋扈,昏昏沉沉,浑浑噩噩,等到钻入了骨灰盒,也不明白自己为什么活过一生。

其中不走运的则穷困潦倒,终日为衣食奔波,愁眉苦脸,长吁短叹。即使日子还能过得去的,不愁衣食,能够温饱,然而也终日忙忙碌碌,被困于名缰,被缚于利锁。同样是昏昏沉沉,浑浑噩噩,不知道为什么活过一生。

对这样的芸芸众生,人生的意义与价值从何处谈起呢?

我自己也属于芸芸众生之列,也难免浑浑噩噩,并不比任何人高一丝一毫。如果想勉强找一点区别的话,那也是有的:我,当然还有一些别的人,对人生有一些想法,动过一点脑筋,而且自认这些想法是有点道理的。

我有些什么想法呢?话要说得远一点。当今世界上战火纷飞,人欲横流,"黄钟毁弃,瓦釜雷鸣",是一个十分不安定的时代。但是,对于人类的前途,我始终是一个乐观主义者。我相信,不管还要经过多少艰难曲折,不管还要经历多少时间,人类总会越变越好的,人类大同之域决不会仅仅是一个空洞的理想。但是,想要达到这个目的,必须经过无数代人的共同努力。有如接力赛,每一代人都有自己的一段路程要跑。又如一条链子,是由许多环组成的,每一环从本身来看,只不过是微末不足道的一点东西;但是没有这一点东西,链子就组不成。在人类社会发展的长河中,我们每一代人都有自己的任务,而且是绝非可有可无的。如果说人生有意义与价值的话,其意义与价值就在这里。

但是,这个道理在人类社会中只有少数有识之士才能理解。鲁迅先生所称之"中国的脊梁",指的就是这种人。对于那些肚子里吃满了肯德基、麦当劳、比萨饼,到头来终不过是浑浑噩噩的人来说,有如夏虫不足以与语冰,这些道理是没法谈的。他们无法理解自己对人类发展所应当承担的责任。

话说到这里,我想把上面说的意思简短扼要地归纳一下:如果人生真有意义与价值的话,其意义与价值就在于对人类发展的承上启下、承前启后的责任感。

1995 年

不完满才是人生

每个人都争取一个完满的人生。然而，自古及今，海内海外，一个百分之百完满的人生是没有的。所以我说，不完满才是人生。

关于这一点，古今的民间谚语，文人诗句，说到的很多很多。最常见的比如苏东坡的词："人有悲欢离合，月有阴晴圆缺，此事古难全。"南宋方岳（根据吴小如先生考证）诗句："不如意事常八九，可与人言无二三。"这都是我们时常引用的，脍炙人口的。类似的例子还能够举出成百上千来。

这种说法适用于一切人，旧社会的皇帝老爷子也包括在里面。他们君临天下，"率土之滨，莫非王土"，可以为所欲为，杀人灭族，小事一端，按理说，他们不应该有什么不如意的事。然而，实际上，王位继承，宫廷斗争，比民间残酷万倍。他们威仪俨然地坐在宝座上，如坐针毡。虽然捏造了"龙御上宾"这种神话，他们自己也并不相信。他们想方设法以求得长生不老，他们最怕"一旦魂断，宫车晚出"。连英主如汉武帝、唐太宗之辈也不能"免俗"。汉武帝造承露金盘，妄想饮仙露以长生；唐太宗服印度婆罗门的灵药，期望借此以不死。结果，事与愿违，仍然是"龙御上宾"呜呼哀哉了。

在这些皇帝手下的大臣们，"一人之下，万人之上"，权力极大，骄纵恣肆，贪赃枉法，无所不至。在这一类人中，好东西大概极少，否则包公和海瑞等决不会流芳千古，久垂宇宙了。可这些人到了皇帝跟前，只是一个奴才，常言道：伴君如伴虎，可见他们的日子并不好过。据说明朝的大臣上朝时在笏板上夹带一点鹤顶红，一旦皇恩浩荡，钦赐极刑，连忙用舌尖舔一点鹤顶红，立即涅槃，落得一个全尸。可见这一批人的日子也并不好过，谈不到什么完满的人生。

至于我辈平头老百姓，日子就更难过了。建国前后，不能说没有区别，可是一直到今天，仍然是"不如意事常八九"。早晨在早市上被小贩"宰"了一刀；在公共汽车上被扒手割了包，踩了人一下，或者被人踩了一下，根本不会说"对不起"了,代之以对骂,或者甚至演出全武行。到了商店,难免买到假冒伪劣的商品,又得生一肚子气。谁能说,我们的人生多是完满的呢?

再说到我们这一批手无缚鸡之力的知识分子,在历史上一生中就难得过上几天好日子。只一个"考"字,就能让你谈"考"色变。"考"者,考试也。在旧社会科举时代,"千军万马独木桥",要上进,只有科举一途,你只需读一读吴敬梓的《儒林外史》,就能淋漓尽致地了解到科举的情况。以周进和范进为代表的那一批举人进士,其窘态难道还不能让你胆战心惊、啼笑皆非吗?

现在我们运气好,得生于新社会中。然而那一个"考"字,宛如如来佛的手掌,你别想逃脱得了。幼儿园升小学,考;小学升初中,考;初中升高中,考;高中升大学,考;大学毕业想当硕士,考;硕士想当博士,考。考,考,考,变成烤,烤,烤;一直到知命之年,厄运仍然难免,现代知识分子落到这一张密而不漏的天网中,无所逃于天地之间,我们的人生还谈什么完满呢?

灾难并不限于知识分子,"人人有一本难念的经",所以我说"不完满才是人生"。这是一个"平凡的真理";但是真能了解其中的意义,对己对人都有好处。

对己，可以不烦不躁；对人，可以互相谅解。这会大大地有利于整个社会的安定团结。

1998年8月20日

很多人生智慧

爱情

一

人们常说,爱情是文艺创作的永恒的主题。不同意这个意见的人,恐怕是不多的。爱情同时也是人生不可缺少的东西,即使后来出家当了和尚,与爱情完全"拜拜";在这之前也曾蹚过爱河,受过爱情的洗礼,有名的例子不必向古代去搜求,近代的苏曼殊和弘一法师就摆在眼前。

可是为什么我写"人生漫谈"已经写了三十多篇,还没有碰爱情这个题目呢?难道爱情在人生中不重要吗?非也。只因它太重要,太普遍,但却又太神秘,太玄乎,我因而不敢去碰它。

中国俗话说:"丑媳妇迟早要见公婆的。"我迟早也必须写关于爱情的漫谈的。现在，适逢有一个机会，我正读法国大散文家蒙田的随笔《论友谊》这一篇，里面谈到了爱情。我干脆抄上几段，加以引申发挥，借他人的杯，装自己的酒，以了此一段公案。以后倘有更高更深刻的领悟，还会再写的。

蒙田说：我们不可能将爱情放在友谊的位置上。"我承认，爱情之火更活跃，更激烈，更灼热……但爱情是一种朝三暮四、变化无常的感情，它狂热冲动，时高时低，忽冷忽热，把我们系于一发之上。而友谊是一种普遍和通用的热情。……再者，爱情不过是一种疯狂的欲望，越是躲避的东西越要追求。……爱情一旦进入友谊阶段，也就是说，进入意愿相投的阶段，它就会衰弱和消逝。爱情是以身体的快感为目的，一旦享有了，就不复存在。"

总之，在蒙田眼中，爱情比不上友谊，不是什么好东西。我个人觉得，蒙田的话虽然说得太激烈，太偏颇，太极端；然而我们却不能不承认，它有合理的实事求是的一方面。

根据我个人的观察与思考，我觉得，世人对爱情的态度可以笼统分为两大流派：一派是现实主义，一派是理想主义。蒙田显然属于现实主义，他没有把爱情神秘化、理想化。如果他是一个诗人的话,他也决不会像一大群理想主义的诗人那样,写出些卿卿我我、鸳鸯蝴蝶,有时候甚至拿肉麻当有趣的诗篇,令普天下的才子佳人们击节赞赏。他干净利落地直言不讳,把爱情说成是"朝三暮四、变化无常的感情"。对某一些高人雅士来说,这实在有点大煞风景,仿佛在佛头上着粪一样。

我不才,窃自附于现实主义一派。我与蒙田也有不同之处:我认为,在爱情的某一个阶段上,可能有纯真之处。否则就无法解释,据说日本青年恋人在相爱达到最高潮时有的就双双跳入火山口中,让他们的爱情永垂不朽。

二

像这样的情况,在日本恐怕也是极少极少的。在别的国家,则未闻之也。

当然,在别的国家也并不缺少歌颂纯真爱情的诗篇、戏剧、小说,以及民间传说。莎士比亚的《罗密欧与朱丽叶》,中国的梁山伯与祝英台是世所周知的。谁能怀疑这种爱情的纯真呢?专就中国来说,民间类似梁祝爱情的传说,还能够举出不少来。至于"誓死不嫁"和"誓死不娶"的真实的故事,则所在多有。这样一来,爱情似乎真同蒙田的说法完全相违，纯真圣洁得不得了啦。

我在这里想分析一个有名的爱情的案例，这就是杨贵妃和唐玄宗的爱情故事，这是一个古今艳称的故事。唐代大诗人白居易的《长恨歌》歌颂的就是这一件事。你看，唐玄宗失掉了杨贵妃以后，他是多么想念，多么情深："夕殿萤飞思悄然，孤灯挑尽未成眠。"这一首歌最后两句诗是："天长地久有时尽，此恨绵绵无绝期。"写得多么动人心魄，多么令人同情，好像他们两人之间的爱情真正纯真到了无以复加的程度。但是，常识告诉我们，爱情是有排他性的，真正的爱情不容有一个第三者。可是唐玄宗怎样呢？"后宫佳丽三千人"，小老婆真够多的。即使是"三千宠爱在一身"，这"在一身"能可靠吗？白居易以唐代臣子，竟敢乱谈天子宫闱中事，这在明清是绝对办不到的。这先不去说它，白居易真正头脑简单到相信这爱情是纯真的才加以歌颂吗？抑或另有别的原因？

这些封建的爱情"俱往矣"，今天我们怎样对待爱情呢？我明人不说暗话，我是颇有点同意蒙田的意见的。中国古人说："食、色，性也。"爱情，特别是结婚，总是同"色"相联系的。家喻户晓的《西厢记》歌颂张生和莺莺的爱情，高潮竟是一幕"酬简"，也就是"以身相许"。个中消息，很值得我们参悟。

我们今天的青年怎样对待爱情呢？这我有点不大清楚，也没有什么青年人来同我这望九之年的老古董谈这类事情。据我所见所闻，那一套封建的东西早为今天的青年所扬弃。如果真有人想向我这爱情的盲人问道的话，我也可以把我的看法告诉他们的。如果一个人不想终生独身的话，他必须谈恋爱以至结婚，这是"人间正道"。但是千万别浪费过多的时间，终日卿卿我我，闹得神魂颠倒，处心积虑，不时闹点小别扭，学习不好，工作难成，最终还可能是"竹篮子打水一场空"。这真是何苦来！我并不提倡两人"一见倾心"，立即办理结婚手续。我觉得，两个人必须有一个互相了解的过程。这过程不必过长，短则半年，多则一年。余出来的时间应当用到刀刃上，搞点事业，为了个人，为了家庭，为了国家，为了世界。

三

已经写了两篇关于爱情的短文，但觉得仍然是言犹未尽，现在再补写一篇。像爱情这样平凡而又神秘的东西，这样一种社会现象或心理活动，即使再将篇幅扩大十倍、二十倍、一百倍，也是写不完的。补写此篇，不过聊补前两篇的一点疏漏而已。

在旧社会实行"父母之命，媒妁之言"的办法，男女青年不必伤任何脑筋，就入了洞房。我们可以说，结婚是爱情的开始。但是，不要忘记，也有"绿叶成荫子满枝"而终于不知爱情为何物的例子，而且数目还不算太少。到了现代，实行自由恋爱了，有的时候竟成了结婚是爱情的结束。西方和当前的中国，离婚率颇为可观，就是一个具体的例证。据说，有的天主教国家教会禁止离婚。但是，不离婚并不等于爱情能继续，只不过是外表上合而不离，实际上则各寻所欢而已。

爱情既然这样神秘，相爱和结婚的机遇——用一个哲学的术语就是偶然性——又极其奇怪，极其突然，决非我们个人所能掌握的。在困惑之余，东西方的哲人俊士束手无策，还是老百姓有办法，他们乞灵于神话。

一讲到神话，据我个人的思考，就有中外之分。西方人创造了一个爱神，叫作 Jupiter 或 Cupid，是一个手持弓箭的童子，他的箭射中了谁，谁就坠入爱河。印度古代文化毕竟与欧洲古希腊、罗马有缘，他们也创造了一个叫作 Kāmaolliva 的爱神，也是手持弓箭，被射中者立即相爱，决不敢有违。这个神话当然是同一来源，此不见论。

在中国，我们没有"爱神"的信仰，我们另有办法。我们创造了一个月老，他手中拿着一条红线，谁被红线拴住，不管是相距多么远，天涯海角，恍若比邻，两人必然走到一起，相爱结婚。从前西湖有一座月老祠，有一副对联是天下闻名的："愿天下有情人都成了眷属，是前生注定事莫错过姻缘。"多么质朴，多么有人情味！只有对某些人来说，"前生"和"姻缘"显得有点渺茫和神秘。可是，如果每一对夫妇都回想一下你们当初相爱和结婚的过程的话，你能否定月老祠的这一副对联吗？

我自己对这副对联是无法否认的，但又找不到"科学根据"。我倒是想忠告今天的年轻人，不妨相信一下。我对现在西方和中国青年人的相爱和结婚的方式，无权说三道四，只是觉得不大能接受。我自知年已望九，早已属于博物馆中的人物。我力避发九斤老太之牢骚，但有时又如骨鲠在喉不得不一吐为快耳。

1997 年 11 月 22 日

时间

　　一抬头，就看到书桌上座钟的秒针在一跳一跳地向前走动。它那里一跳，我的心就一跳。孔子说："逝者如斯夫，不舍昼夜！"这里指的是水。水永远不停地流逝，让孔夫子吃惊兴叹。我的心跳，跳的是时间。水是能看得见，摸得着的。时间却看不见，摸不着，它的流逝你感觉不到，然而确实是在流逝。现在我眼前摆上了座钟，它的秒针一跳一跳，让我再清楚不过地看到了时间的流逝，焉能不心跳？焉能不兴叹呢？

　　远古的人大概是很幸福的。他们日出而作，日入而息，根据太阳的出没来规定自己的活动。即使能感到时间的流逝，也只在依稀隐约之间。后来，他们聪明了，根据太阳光和阴影的推移，把时间称作光阴。再后来，人们的聪明才智更提高了,用铜壶滴漏的办法来显示和测定时间的推移,这是用人工来抓住看不见摸不着的时间的尝试。到了近几百年,人类发明了钟表,把时间的存在与流逝清清楚楚地摆在每一个人的面前。这是人类文明进步的表现。但是,正如人们常说的那样,"有一利必有一弊",人类成了时间的奴隶,成了手表的奴隶。现在各种各样的会极多,开会必须规定时间,几点几分,不能任意伸缩。如果参加重要的会而路上偏偏赶上堵车,任你怎样焦急,怎样频频看手表,都是白搭。这不是典型的时间的奴隶又是什么呢?然而,话又说了回来,在今天头绪纷纭杂乱有章的社会里,开会不定时间,还像古人那样"日出而作,日入而息",优哉游哉,顺帝之则,今天的社会还能运转吗?不管你愿意不愿意,成为时间的奴隶就正是文明的表现。

不管你意识到还是没有意识到,大自然还是把虚无缥缈的时间用具体的东西暗示给了人们。比如用日出日落标志出一天,用月亮的圆缺标志出一月,用四季(在印度是六季或者两季)标志出一年。农民最关心这些问题,一年二十四个节气对他们种庄稼有重要意义。在自然科学家和哲学家眼中,时间具有另外的意义。他们说,大千世界,人类万物,都生长在时间和空间内,而时间是无头无尾的，空间是无边无际的。我既不是自然科学家，也不是哲学家，对无头无尾和无边无际实在难以理解。可是不这样又能怎样呢？如果时间有了头尾，头以前尾以后又是什么呢？因此，难以理解也只得理解，此外更没有其他途径。

生与死也属于时间范畴。一般人总是把生与死绝对对立起来。但是，中国古代的道家却主张"万物方生方死"，把生与死辩证地联系在一起，而且准确无误地道出了生即是死的关系。随着座钟秒针的一跳，我自己就长了无法用言语表达出来的那么一点点儿。同时也就是向着死亡走近了那么一点点儿。不但我是这样，现在正是初夏，窗外的玉兰花、垂柳和深埋在清塘里的荷花，也都长了那么一点点儿。不久前还是冰封的湖水，现在是"风乍起，吹皱一池夏水"，波光潋滟，水色接天。岸上的垂杨，从光秃秃的枝条上逐渐长出了小叶片，一转瞬间，出现了一片鹅黄；再一转瞬，就是一片嫩绿，现在则是接近浓绿了。小山上原来是一片枯草，"一夜东风送春暖，满山开遍二月兰"。今年是二月兰的大年，山上地下，只要有空隙，二月兰必然出现在那里，座钟的秒针再跳上多少万次，二月兰即将枯萎，也就是走向暂时的死亡了。所有这些东西，都是方生方死。这是自然的规律，不可逆转的。

　　印度人是聪明的，他们把时间和死亡视为一物。梵文 hāla，既是"时间"，又是"死亡或死神"。《罗摩衍那》的主人公罗摩，在活了极长的时间以后，hāla 走上门来，这表示他就要死亡了。罗摩泰然处之，既不"饮恨"，也不"吞声"。他知道这是自然规律，人类是无能为力的。我们今天知道，不但人类是这样，世界上万事万物都有始有终，无一例外。"顺其自然"是最好的办法。我在这里顺便说一下。在梵文里，动词"死"的字根是 mn；但是此字不用 manati 来表示现在时，而是用被动式 mniyati（ti），这表示，印度人认为"死"是被动的，主动自杀者究属少数。

　　同印度人比较起来，中国人大概希望争取长生。越是有钱有势的人越希望活下去，在旧社会里生活在水深火热中的小百姓，决不会愿意长远活下去的。而富有天下的天子则热切希望长生。中国历史上几位有名的英主，莫不如此。秦始皇和汉武帝都寻求不死之药或者仙丹什么的。连唐太宗都是服用了印度婆罗门的"仙药"而中毒身亡的。老百姓书呆子中也有寻求肉身升天的，而且连鸡犬都带了上去。我这个木头脑袋瓜真想也想不通。如果真有那么一个"天"的话，人数也不会太多。升到那里去干些什么呢？那里不会有官僚衙门，想走后门靠贿赂来谋求升官，没有这个可能。那里也不会有什么市场，什么WTO，想发财也英雄无用武之地。想打麻将，唱卡拉OK，唱几天，打几天，还是会有兴趣的，但让你一月月一年年永远打下去，你受得了吗？养鸡喂狗，永远喂下去，你也受不了。"不为无益之事，何以遣有涯之生！"无益之事天上没有。在天上待长了，你一定会自杀的。苏东坡说"起舞弄清影，何似在人间"是有见地之言。我们还是老老实实待在人间吧。

　　要待在人间，就必须受时间的制约。在时间面前，人人平等。如果想不通我在上面说的那一些并不深奥的道理，时间就变成了枷锁，让你处处感到不舒服。但是，如果真想通了，则戴着枷锁跳舞反而更能增加一些意想不到的兴趣。我自认是想通了。现在照样一抬头就看到书桌上座钟的秒针一跳一跳地向前走动，但是我的心却不跳了。我觉得这是时间给我提醒儿，让我知道时间的价值。"一寸光阴不可轻"，朱子这一句诗对我这个年过九十的老头儿也是适用的。

2002年3月31日

成功

什么叫成功？顺手拿来一本《现代汉语词典》，上面写道："成功：获得预期的结果。"言简意赅，明白之至。

但是，谈到"预期"，则错综复杂，纷纭混乱。人人每时每刻每日每月都有大小不同的预期，有的成功，有的失败，总之是无法界定，也无法分类，我们不去谈它。

我在这里只谈成功，特别是成功之道。这又是一个极大的题目，我却只是小做。积七八十年之经验，我得到了下面这个公式：

$$天资 + 勤奋 + 机遇 = 成功$$

"天资"，我本来想用"天才"；但天才是个稀见现象，其中不少是"偏才"，所以我弃而不用，改用"天资",大家一看就明白。这个公式实在是过分简单化了,但其中的含义是清楚的。搞得太烦琐,反而不容易说清楚。

谈到天资,首先必须承认,人与人之间天资是不相同的,这是一个事实,谁也否定不掉。"十年浩劫"中,自命天才的人居然号召大批天才。葫芦里卖的是什么药,至今不解。到了今天,学术界和文艺界自命天才的人颇不稀见,我除了羡慕这些人"自我感觉过分良好"外,不敢赞一辞。对于自己的天资,我看,还是客观一点好,实事求是一点好。

至于勤奋,一向为古人所赞扬。囊萤、映雪、悬梁、刺股等故事流传了千百年,家喻户晓。韩文公的"焚膏油以继晷,恒兀兀以穷年",更为读书人所向往。如果不勤奋,则天资再高也毫无用处。事理至明,无待饶舌。

谈到机遇,往往为人所忽视。它其实是存在的,而且有时候影响极大。就以我自己为例,如果清华不派我到德国去留学,则我的一生完全不会像现在这个样子。

把成功的三个条件拿来分析一下,天资是由"天"来决定的,我们无能为力。机遇是不期而来的,我们也无能为力。只有勤奋一项完全是我们自己决定的,我们必须在这一项上狠下功夫。在这里,古人的教导也多得很。还是先举韩文公。他说:"业精于勤荒于嬉,行成于思毁于随。"这两句话是大家都熟悉的。

王静安在《人间词话》中说:"古今之成大事业大学问者必经过三种之境界。'昨夜西风凋碧树,独上高楼,望尽天涯路'。此第一境也。'衣带渐宽终不悔,为伊消得人憔悴'。此第二境也。'众里寻他千百度,蓦然回首,那人却在,灯火阑珊处'。此第三境也。"静安先生第一境写的是预期。第二境写的是勤奋。第三境写的是成功。其中没有写天资和机遇。我不敢说,这是他的疏漏,因为写的角度不同。但是,我认为,补上天资与机遇,似更为全面。我希望,大家都能拿出"衣带渐宽终不悔"的精神来从事做学问或干事业,这是成功的必由之路。

2000年1月7日

勤奋、天才（才能）与机遇

人类的才能，每个人都有所不同，这是大家都看到的事实，不能不承认的。但是有一种特殊的才能一般人称之为"天才"。有没有"天才"呢？似乎还有点争论，有点看法的不同。"文化大革命"期间，有一度曾大批"天才"，但其时所批"天才"，似乎与我现在讨论的"天才"不是一回事。根据我六七十年来的观察和思考，有"天才"是否定不了的，特别在音乐和绘画方面。你能说贝多芬、莫扎特不是音乐天才吗？即使不谈"天才"，只谈才能，人与人之间也是相差十分悬殊的。就拿教梵文来说，在同一个班上，一年教下来，学习好的学生能够教学习差的而有余。有的学生就是一辈子也跳不过梵文这个龙门。这情形我在国内外都见到过。

拿做学问来说，天才与勤奋的关系究竟如何呢？有人说："九十九分勤奋，一分神来（属于天才的范畴）。"我认为，这个百分比应该纠正一下。七八十分的勤奋，二三十分的天才（才能），我觉得更符合实际一点。我丝毫也没有贬低勤奋的意思。无论干哪一行的，没有勤奋，一事无成。我只是感到，如果没有才能而只靠勤奋，一个人发展的极限是有限度的。

现在，我来谈一谈天才、勤奋与机遇的关系问题。我记得六十多年前在清华大学读西洋文学时，读过一首英国诗人 Thomas Gray（托马斯·格雷）的诗，题目大概是叫《乡村墓地哀歌》（*Elegy*），诗的内容，时隔半个多世纪，全都忘了，只有一句还记得："在墓地埋着可能有莎士比亚。"意思是指，有莎士比亚天才的人，老死穷乡僻壤间。换句话说，他没有得到"机遇"，天才白白浪费了。上面讲的可能有张冠李戴的可能；如果有的话，请大家原谅。

总之，我认为，"机遇"（在一般人嘴里可能叫作"命运"）是无法否认的。一个人一辈子做事，读书，不管是干什么，其中都有"机遇"的成分。我自己就是一个活生生的例子。如果"机遇"不垂青,我至今还恐怕是一个识字不多的贫农,也许早已离开了世界。我不是"王半仙"或"张铁嘴",我不会算卦、相面,我不想来解释这一个"机遇"问题,那是超出我的能力的事。

我害怕"天才"

人类的智商是不平衡的，这种认识已经属于常识的范畴，无人会否认的。不但人类如此，连动物也不例外。我在乡下观察过猪，我原以为这蠢然一物，智商都一样，无所谓高低的。然而事实上猪们的智商颇有悬殊。我喜欢养猫，经我多年的观察，猫们的智商也不平衡，而且连脾气都不一样，颇使我感到新奇。

猪们和猫们有没有天才，我说不出。专就人类而论，什么叫作"天才"呢？我曾在一本书里或一篇文章里读到过一个故事。某某数学家，在玄秘深奥的数字和数学符号的大海里游泳，如鱼得水，圆融无碍。别人看不到的问题，他能看到；别人解答不了的方程式之类的东西，他能解答。于是，众人称之为"天才"。但是，一遇到现实生活中的问题，他的智商还比不了一个小学生。比如猪肉三角三分一斤，五斤猪肉共值多少钱呢？他瞠目结舌，无言以对。

因此，我得出一个结论："天才"即偏才。

在中国文学史或艺术史上，常常有几"绝"的说法。最多的是"三绝"，指的是诗、书、画三绝。所谓"绝"，就是超越常人，用一个现成的词儿，就是"天才"。可是，如果仔细分析起来，这个人在几绝中只有一项，或者是两项是真正的"绝"，为常人所不能及，其他几绝都是为了凑数凑上去的。因此，所谓"三绝"或几绝的"天才"，其实也是偏才。

可惜古今中外参透这一点的人极少极少，更多的是自命"天才"的人。这样的人老中青都有。他们仿佛是从菩提树下金刚台上走下来的如来佛，开口便昭告天下："天上天下，唯我独尊。"这种人最多是在某一方面稍有成就，便自命不凡起来，看不起所有的人，一副"天才气"，催人欲呕。这种人在任何团体中都不能团结同仁，有的竟成为害群之马。从前在某个大学中有一位年轻的历史教授，自命"天才"，瞧不起别人，说这个人是"狗蛋"，那个人是"狗蛋"。结果是投桃报李，群众联合起来，把"狗蛋"的尊号恭呈给这个人，他自己成了

"狗蛋"。

这样的人在当今社会上并不少见,他们成为社会上不安定的因素。

蒙田在一篇名叫《论自命不凡》的随笔中写道:

> 对荣誉的另一种追求,是我们对自己的长处评价过高。这是我们对自己怀有的本能的爱,这种爱使我们把自己看得和我们的实际情况完全不同。

我决不反对一个人对自己本能的爱,应该把这种爱引向正确的方向。如果把它引向自命不凡,引向自命"天才",引向傲慢,则会损己而不利人。

我害怕的就是这样的"天才"。

1999年7月25日

傻瓜

天下有没有傻瓜？有的，但却不是被别人称作"傻瓜"的人，而是认为别人是傻瓜的人，这样的人自己才是天下最大的傻瓜。

我先把我的结论提到前面明确地摆出来，然后再条分缕析地加以论证。这有点违反胡适之先生的"科学方法"。他认为，这样做是西方古希腊亚里士多德首倡的演绎法，是不科学的。科学的做法是他和他老师杜威的归纳法，先不立公理或者结论，而是根据事实，用"小心的求证"的办法，去搜求证据，然后才提出结论。

我在这里实际上并没有违反"归纳法"。我是经过了几十年的观察与体会，阅尽了芸芸众生的种种相，去粗取精，去伪存真以后，才提出了这样的结论。为了凸现它的重要性，所以提到前面来说。

闲言少叙，书归正传。有一些人往往以为自己最聪明，他们争名于朝，争利于市，锱铢必较，斤两必争。如果用正面手段，表面上的手段达不到目的的话，则也会用些负面的手段，暗藏的手段，来蒙骗别人，以达到损人利己的目的。结果怎样呢？结果是：有的人真能暂时得逞，"春风得意马蹄疾，一日看遍长安花"。大大地辉煌了一阵，然后被人识破，由座上客一变而为阶下囚。有的人当时就能丢人现眼。《红楼梦》中有两句话说："机关算尽太聪明，反误了卿卿性命。"这话真说得又生动，又真实。我决不是说，世界上人人都是这样子，但是，从中国到外国，从古代到现代，这样的例子还算少吗？

原因何在？原因就在于：这些人都把别人当成了傻瓜。

我们中国有几句尽人皆知的俗话："善有善报，恶有恶报；不是不报，时候未到；时候一到，一切皆报。"这真是见道之言。把别人当傻瓜的人，归根结底，会自食其果。古代的统治者对这个道理似懂非懂。他们高叫："民可使由之，不可使知之。"是想把老百姓当傻瓜，但又很不放心，于是派人到民间去采风，采来了不少政治讽刺歌谣。杨震是聪明人，对向他行贿者讲出了"四知"。他知道得很清楚：除了天知、地知、你知、我知之外，不久就会有一个第五知：人知。他是不把别人当作傻瓜的，还是老百姓最聪明。他们中的聪明人说："若要人不知，除非己莫为。"他们不把别人当傻瓜。

可惜把别人当傻瓜的现象，自古亦然，于今犹烈。救之之道只有一条：不自作聪明，不把别人当傻瓜，从而自己也就不是傻瓜。哪一个时代，哪一个社会，只要能做到这一步，全社会就都是聪明人，没有傻瓜，全社会也就会安定团结。

1997年3月11日

坏人

积将近九十年的经验,我深知世界上确实是有坏人的。乍看上去,这个看法的智商只能达到小学一年级的水平。这就等于说"每个人都必须吃饭"那样既真实又平庸。

可是事实上我顿悟到这个真理,是经过了长时间的观察与思考的。

我从来就不是性善说的信徒,毋宁说我是倾向性恶说的。古书上说"天命之谓性","性"就是我们现常说的"本能",而一切生物的本能是力求生存和发展,这难免引起生物之间的矛盾,性善又何从谈起呢?

那么,什么又叫作"坏人"呢,记得鲁迅曾说过,干损人利己的事还可以理解,损人又不利己的事千万干不得。我现在利用鲁迅的话来给坏人作一个界定：干损人利己的事是坏人，而干损人又不利己的事，则是坏人之尤者。

空口无凭，不妨略举两例。一个人搬到新房子里，照例大事装修，而装修的方式又极野蛮，结果把水管凿破，水往外流。住在楼下的人当然首蒙其害，水滴不止，连半壁墙都浸透了。然而此人却不闻不问，本单位派人来修，又拒绝入门。倘若墙壁倒塌，楼下的人当然会受害，他自己焉能安全！这是典型的损人又不利己的例子。又有一位"学者"，对某一种语言连字母都不认识，却偏冒充专家，不但在国内蒙混过关，在国外也招摇撞骗。有识之士皆嗤之以鼻。这又是一个典型的损人而不利己的例子。

根据我的观察，坏人，同一切有毒的动植物一样，是并不知道自己是坏人的，是毒物的。鲁迅翻译的《小约翰》里讲到一个有毒的蘑菇听人说它有毒，它说，这是人话。毒蘑菇和一切苍蝇、蚊子、臭虫等等，都不认为自己有毒。说它们有毒，它们大概也会认为这是人话。可是被群众公推为坏人的人，他们难道能说：说他们是坏人的都是人话吗？如果这是"人话"的话，那么他们自己又是什么呢？

根据我的观察,我还发现,坏人是不会改好的。这有点像形而上学了。但是,我却没有办法。天下哪里会有不变的事物呢?哪里会有不变的人呢?我观察的几个"坏人"偏偏不变。几十年前是这样,今天还是这样。我想给他们辩护都找不出词儿来。有时候,我简直怀疑,天地间是否有一种叫作"坏人基因"的东西?可惜没有一个生物学家或生理学家提出过这种理论。我自己既非生物学家,又非生理学家,只能凭空臆断。我但愿有一个坏人改变一下,改恶从善,堵住了我的嘴。

1999 年 7 月 24 日

毁誉

好誉而恶毁,人之常情,无可非议。

古代豁达之人倡导把毁誉置之度外。我则另持异说,我主张把毁誉置之度内。置之度外,可能表示一个人心胸开阔;但是,我有点担心,这有可能表示一个人的糊涂或颟顸。

我主张对毁誉要加以细致的分析。首先要分清:谁毁你?谁誉你?在什么时候?在什么地方?由于什么原因?这些情况弄不清楚,只谈毁誉,至少是有点模糊。

我记得在什么笔记上读到过一个故事。一个人最心爱的人,只有一只眼。于是他就觉得天下人(一只眼者除外)都多长了一只眼。这样毁誉能靠得住吗?

还有我们常常讲什么"党同伐异",又讲什么"臭味相投"等等。这样的毁誉能相信吗？

孔门贤人子路"闻过则喜"，古今传为美谈。我根本做不到，而且也不想做到，因为我要分析：是谁说的？在什么时候，在什么地点，因为什么而说的？分析完了以后，再定"则喜"，或是"则怒"。喜，我不会过头。怒，我也不会火冒十丈，怒发冲冠。孔子说："野哉，由也！"大概子路是一个粗线条的人物，心里没有像我上面说的那些弯弯绕。

我自己有一个颇为不寻常的经验。我根本不知道世界上有某一位学者，过去对于他的存在，我一点都不知道；然而，他却同我结了怨。因为，我现在所占有的位置，他认为本来是应该属于他的，是我这个"鸠"把他这个"鹊"的"巢"给占据了。因此，勃然对我心怀不满。我被蒙在鼓里，很久很久，最后才有人透了点风给我。我知道，天下竟有这种事，只能一笑置之。不这样又能怎样呢？我想向他道歉，挖空心思，也找不出丝毫理由。

大千世界，芸芸众生，由于各人禀赋不同，遗传基因不同，生活环境不同；所以各人的人生观、世界观、价值观、好恶观等等，都不会一样，都会有点差别。比如吃饭，有人爱吃辣，有人爱吃咸，有人爱吃酸，如此等等。又比如穿衣，有人爱红，有人爱绿，有人爱黑，如此等等。在这种情况下，最好是各人自是其是，而不必非人之非。俗语说："各扫自家门前雪，不管他人瓦上霜。"这话本来有点贬义，我们可以正用。每个人都会有友，也会有"非友"，我不用"敌"这个词儿，避免误会。友，难免有誉；非友，难免有毁。碰到这种情况，最好抱上面所说的分析的态度，切不要笼而统之，一锅糊涂粥。

好多年来，我曾有过一个"良好"的愿望：我对每个人都好，也希望每个人对我都好。只望有誉，不能有毁。最近我恍然大悟，那是根本不可能的。如果真有一个人，人人都说他好，这个人很可能是一个极端圆滑的人，圆滑到琉璃球又能长上脚的程度。

1997 年 6 月 23 日

送礼

我们中国究竟是礼仪之邦,所以每逢过年过节,或有什么红白喜事,大家就忙着送礼。既然说是"礼",当然是向对方表示敬意的。譬如说,一个朋友从杭州回来,送给另外一个朋友一只火腿,二斤龙井;知己的还要亲自送了去,免得受礼者还要赏钱,你能说这不是表示亲热么?又如一个朋友要结婚,但没有钱,于是大家凑个份子送了去,谁又能说这是坏事呢?

事情当然是好事情,而且想起来极合乎人情,一点也不复杂;然而实际上却复杂艰深到万分,几乎可以独立成一门学问:送礼学。第一,你先要知道送应节的东西,譬如你过年的时候,提了几瓶子汽水、一床凉席去送人,这不是故意开玩笑吗?还有五月节送月饼,八月节送粽子，最少也让人觉得你是外行。第二，你还要是一个好的心理学家，能观察出对方的心情和爱好来。对方倘若喜欢吸烟，你不妨提了几听三炮台恭恭敬敬送了去，一定可以得到青睐。对方要是喜欢杯中物，你还要知道他是维新派或保守派。前者当然要送法国的白兰地，后者本地产的白干或五加皮也就行了。倘若对方的思想"前进"，你最好订一份《文汇报》送了去，一定不会退回的。

　　但这还不够，买好了应时应节的东西，对方的爱好也揣摩成熟了，又来了怎样送的问题。除了很知己的以外，多半不是自己去送，这与面子有关系；于是就要派听差，而这个听差又必须是个好的外交家，机警、坚忍、善于说话，还要一副厚脸皮；这样才能不辱使命。拿了东西去送礼，论理说该到处受欢迎，但实际上却不然。受礼者多半喜欢节外生枝。东西虽然极合心意，却偏不立刻收下。据说这也与面子有关系。听差把礼物送进去，要沉住气在外面等。一会，对方的听差出来了，把送去的礼物又提出来，说："我们老爷太太谢谢某老爷太太，盛意我们领了，礼物不敢当。"倘若这听差真信了这话，提了东西就回家来，这一定糟，说不定就打破饭碗。但外交家的听差却绝不这样做。他仍然站着不走，请求对方的听差再把礼物提进去。这样往来斗争许久。对方或全收下,或只收下一半,只要与临来时老爷太太的密令不冲突,就可以安然接了赏钱回来了。

上面说的可以说是常态的送礼。可惜(或者也并不可惜)还有变态的。我小的时候,我们街上住着一个穷人,大家都喊他"地方",有学问的人说,这就等于汉朝的亭长。每逢年节的早上,我们的大门刚一开,就会看到他笑嘻嘻地一手提了一只鸡,一手提了两瓶酒,跨进大门来。鸡咯咯地大吵大嚷,酒瓶上的红签红得眩人眼睛。他嘴里却喊着:"给老爷太太送礼来了。"于是我婶母就立刻拿出几毛钱来交给老妈子送出去。这"地方"接了钱,并不像一般送礼的一样,还要努力斗争,却仍旧提了鸡和瓶子笑嘻嘻地走到另一家去喊去了。这景象我一年至少见三次,后来也就不以为奇了。但有一年的某一个节日的清晨,却见这位"地方"愁容满面地跨进我们的大门,嘴里不喊"给老爷太太送礼来了",却拉了我们的老妈子交头接耳说了一大篇,后来终于放声大骂起来。老妈子进去告诉了我婶母,仍然是拿了几毛钱送出来。这"地方"道了声谢,出了大门,老远还听到他的骂声。后来老妈子告诉我,他的鸡是自己养了预备下蛋的,每逢过年过节,就暂且委屈它一下,被缚了双足倒提着陪他出来逛大街。玻璃瓶子里装的只是水，外面红签是向铺子里借用的。"地方"送礼，在我们那里谁都知道他的用意。所以从来没有收的。他跑过一天，衣袋塞满了钞票才回来，把瓶子里的水倒出来，把鸡放开。它在一整天"陪绑"之余，还忘不了替他下一个蛋。但今年这"地方"倒运。向第一家送礼，就遇到一家才搬来的外省人。他们竟老实不客气地把礼物收下了。这怎能不让这"地方"愤愤呢？他并不是怕瓶子里的凉水给他泄露真相，心痛的还是那只鸡。

另外一种送礼法也很新奇，虽然是"古已有之"的。我们常在笔记小说里看到，某一个督抚把金子装到坛子里当酱菜送给京里的某一位王公大人。这是古时候的事，但现在也还没有绝迹。我的一位亲戚在一个县衙门里做事，因了同县太爷是朋友，所以地位很重要。在晚上回屋睡觉的时候，常常在棉被下面发现一堆银元或别的值钱的东西。有时候不知道，把这堆银元抖到地上，哗啦一声，让他吃一惊。这都是送来的"礼"。

这样的"礼"当然不是每个人都有资格接受的。他一定是个什么官，最少也要是官的下属，能让人生，也能让人死，所以才有人送这许多金子银元来。官都讲究面子，虽然要钱，却不能干脆当面给他。于是就想出了这种种的妙法。我上面已经提到送礼是一门学问,送礼给官长更是这门学问里面最深奥的,须要经过长期的研究简练揣摩,再加上实习,方能得到其中的奥秘。能把钱送到官长手中,又不伤官长的面子,能做到这一步,才算是得其门而入了。也有很少的例外,官长开口向下面要一件东西,居然竟得不到。以前某一个小官藏有一颗古印,他的官长很喜欢,想拿走。他跪在地上叩头说:"除了我的太太和这块古印以外,我没有一件东西不能与大人共享的。"官长也只好一笑置之了。

  普通人家送礼没有这样有声有色,但在平庸中有时候也有杰作。有一次我们家把一盒有特别标志的点心当礼物送出去。隔了一年,一个相熟的胖太太到我们家来拜访,又恭而敬之把这盒点心提给我们,嘴里还告诉我们:这都是小意思,但点心是新买的,可以尝尝。我们当时都忍不住想笑,好歹等这位胖太太走了,我们就动手去打开。盒盖一开,立刻有一股奇怪的臭味从里面透出来。再把纸揭开,点心的形状还是原来的,但上面满是小的飞蛾,一块也不能吃了,只好掷掉。在这一年内,这盒点心不知代表了多少人的盛意,被恭恭敬敬地提着或托着从一家到一家,上面的签和铺子的名字不知换过了多少次,终于又被恭而敬之提回我们家来。"解铃还是系铃人",我们还要把它丢掉。

  我虽然不怎样赞成这样送礼,但我觉得这办法还算不坏。因为只要有一家出了钱买了盒点心就会在亲戚朋友中周转不息,一手收进来,再一手送出去,意思表示了,又不用花钱。不过这样还是麻烦,还不如仿效前清御膳房的办法,用木头刻成鸡鱼肉肘,放在托盘里,送来送去,你仍然不妨说:"这鱼肉都是新鲜的。一点小意思,千万请赏脸。"反正都是"彼此彼此,诸位心照不宣"。绝对不会有人来用手敲一敲这木头鱼肉的。这样一来,目的达到了,礼物却不霉坏,岂不是一举两得?在我们这喜欢把最不重要的事情复杂化了的礼仪之邦,我这发明一定有许多人欢迎,我预备立刻去注册专利。

1947年7月

世态炎凉

世态炎凉,古今所共有,中外所同然,是最稀松平常的事,用不着多伤脑筋。元曲《冻苏秦》中说:"也素把世态炎凉心中暗忖。"《隋唐演义》中说:"世态炎凉,古今如此。"不管是"暗忖",还是明忖,反正你得承认这个"古今如此"的事实。

但是,对世态炎凉的感受或认识的程度,却是随年龄的大小和处境的不同而很不相同的,决非大家都一模一样。我在这里发现了一条定理:年龄大小与处境坎坷同对世态炎凉的感受成正比。年龄越大,处境越坎坷,则对世态炎凉感受越深刻。反之,年龄越小,处境越顺利,则感受越肤浅。这是一条放诸四海而皆准的定理。

我已到望九之年,在八十多年的生命历程中,一波三折,好运与多舛相结合,坦途与坎坷相混杂,几度倒下,又几度爬起来,爬到今天这个地步。我可是真正参透了世态炎凉的玄机,尝够了世态炎凉的滋味。特别是"十年浩劫"中,我因为胆大包天,自己跳出来反对"北大"那一位炙手可热的"老佛爷",被戴上了种种莫须有的帽子,被"打"成了反革命,遭受了极其残酷的至今回想起来还毛骨悚然的折磨。从牛棚里放出来以后,有长达几年的一段时间,我成了燕园中一个"不可接触者"。走在路上,我当年辉煌时对我低头弯腰毕恭毕敬的人,那时却视若路人,没有哪一个敢或肯跟我说一句话的。我也不习惯于抬头看人,同人说话。我这个人已经异化为"非一人"。一天,我的孙子发烧到40度,老祖和我用破自行车推着到校医院去急诊。一个女同事竟吃了老虎心豹子胆似的,帮我这个已经步履蹒跚的花甲老人推了推车。我当时感动得热泪盈眶,如吸甘露,如饮醍醐。这件事、这个人我毕生难忘。

  雨过天晴,云开雾散,我不但"官"复原职,而且还加官晋爵,又开始了一段辉煌。原来是门可罗雀,现在又是宾客盈门。你若问我有什么想法没有,想法当然是有的,一个忽而上天堂,忽而下地狱,又忽而重上天堂的人,哪能没有想法呢?我想的是:世态炎凉,古今如此。任何一个人，包括我自己在内，以及任何一个生物，从本能上来看，总是趋吉避凶的。因此，我没怪罪任何人，包括打过我的人。我没有对任何人打击报复。并不是由于我度量特别大，能容天下难容之事，而是由于我洞明世事，又反求诸躬。假如我处在别人的地位上，我的行动不见得会比别人好。

1997年3月19日

趋炎附势

写了《世态炎凉》，必须写《趋炎附势》。前者可以原谅，后者必须切责。

什么叫"炎"？什么叫"势"？用不着咬文嚼字，指的不过是有权有势之人。什么叫"趋"？什么叫"附"？也用不着咬文嚼字，指的不过是巴结、投靠、依附。这样干的人，古人称之为"小人"。

趋附有术，其术多端，而归纳之，则不出三途：吹牛、拍马、做走狗。借用太史公的三个字而赋予以新义，曰牛、马、走。

现在先不谈第一和第三，只谈中间的拍马。拍马亦有术，其术亦多端。就其大者或最普通者而论之，不外察言观色，胁肩谄笑，攻其弱点，投其所好。但是这样做,并不容易,这里需要聪明,需要机警,运用之妙,存乎一心。这是一门大学问。

记得在某一部笔记上读到过一个故事。某书生在阳间善于拍马。死后见到阎王爷,他知道阴间同阳间不同,阎王爷威严猛烈,动不动就让死鬼上刀山,入油锅。他连忙跪在阎王爷座前,坦白承认自己在阳间的所作所为,说到动情处,声泪俱下。他恭颂阎王爷执法严明,不给人拍马的机会。这时阎王爷忽然放了一个响屁。他跪行向前,高声论道:"伏惟大王洪宣宝屁,声若洪钟,气比兰麝。"于是阎王爷"龙"颜大悦,既不罚他上刀山,也没罚他入油锅,生前的罪孽,一笔勾销,让他转生去也。

笑话归笑话,事实还是事实,人世间这种情况还少吗?古今皆然,中外同归。中国古典小说中,有很多很多的靠拍马屁趋炎附势的艺术形象。《今古奇观》里面有,《红楼梦》里面有,《儒林外史》里面有,最集中的是《官场现形记》和《二十年目睹之怪现状》。

在尘世间,一个人的荣华富贵,有的甚至如昙花一现。一旦失意,则如树倒猢狲散,那些得意时对你趋附的人,很多会远远离开你,这也罢了。个别人会"反戈一击",想置你于死地,对新得意的人趋炎附势。这种人当然是极少极少的,然而他们是人类社会的蛆虫,我们必须高度警惕。

我国的传统美德,对这类蛀虫,是深恶痛绝的。孟子说:"胁肩谄笑,病于夏畦。"我在上面列举的小说中,之所以写这类蛀虫,绝不是提倡鼓励,而是加以鞭笞,给我们竖立一面反面教员的镜子。我们都知道,反面教员有时候是能起作用的,有了反面,才能更好地、更鲜明地凸出正面。这大大有利于发扬我国优秀的道德传统。

1997年3月27日

目中无人

中国的成语"目中无人"是一个贬义词,意思是狂妄自大,把谁都不放在眼中,天上天下,唯我独尊。这是心理上的"目中无人",是一种要不得的恶习。我现在居然也变成了"目中无人"了;但是,我是由于生理上的原因,患了眼疾,看人看不清楚。这同心理上的毛病有天渊之别。

大约在十年前,由于年龄的原因,我的老年性白内障逐渐发作,右眼动了手术。手术是非常成功的。但是随着年龄的增长,我已年届九旬,右眼又突然出了毛病,失去视力,到了伸手难见五指的程度,仅靠没有动过手术的左眼不到0.1的视力,勉强摸索着活动。形同半个盲人。古人有诗句:"老年花似雾中看",当年认为这是别人的事，现在却到自己眼前来了。窗前我自己种的那一棵玉兰花，今年是大年，总共开了二百多朵花，那情景应该说是光辉灿烂的，可惜我已无法享受，只看到了白白的几朵花的影子，其余都是模糊一团了。"春风杨柳万千条"，现在正是嫩柳鹅黄的时节；可是我也只能看到风中摇摆着一些零乱的黑丝条而已。即使池塘中的季荷露出了尖尖角的时候，我大概也只能影影绰绰地看到几点绿点罢了。

  这痛苦不痛苦呢？谁也会想到，这决不是愉快的，我本是一个性急固执有棱有角的人，但是将近九十年的坎坷岁月，把我的性子已经磨慢，棱角已经磨得圆了许多；虽还不能就说是一个琉璃球，然而相距已不太远矣。现在，在眼睛出了毛病的情况下，说内心完全平静，那不是真话。但是，只要心里一想急，我就祭起了我的法宝，法宝共有两件：一是儒家的"既来之，则安之"，一是道家的顺其自然。你别说，这法宝还真灵。只要把它一祭起，心中立即微波不兴，我对一切困难都处之泰然了。

  同时，我还会想到就摆在眼前的几个老师的例子。陈寅恪先生五十来岁就双目失明，到了广州以后，靠惊人的毅力和记忆力,在黄萱女士的帮助下,写成了一部长达七八十万字的《柳如是别传》,震动了学坛。冯友兰先生耄耋之年失明,也靠惊人的毅力,口述写成了《中国哲学史新编》,摆脱了桎梏,解放了思想,信笔写来,达到了空前的大自在的水平,受到了学术界的瞩目。另一位先生是陈翰笙教授,他身经三个世纪,今年已经是一百零五岁,成为稀有的名副其实的人瑞。他双目失明已近二十年;但从未停止工作,在家里免费教授英文,学者像到医院诊病一样,依次排队听课。前几年,在庆祝他百岁华诞的时候,请他讲话,他讲的第一句话却是:"我要求工作!"在场的人无不为之动容。我想,以上三个例子就足以说明,一个人,即使是双目失明了,是仍然能够做出极有意义的事情。

再说到我自己,从身体状态来看,从心理状态来瞧,即使眼前眼睛有了点毛病,但同失明是决不会搭界的。一个九旬老人,身体上有点毛病,纯属正常;不这样,反而会成为怪事。因此,我只有听之,任之,安之,决不怨天尤人。古书上说:否极泰来。我深信,泰来之日终会来临。到了那时,我既不在心理上"目中无人",也不在生理上"目中无人",岂不猗欤休哉!

我现在在这里潜心默祷，愿天下善男、信女、仁人、志士无论是在生理上还是在心理上都不"目中无人"，大千世界，礼仪昌明，天下太平，共同努力，把这个小小的地球村整治成地上乐园。

2000年4月8日

三思而行

"三思而行",是我们现在常说的一句话。主要劝人做事不要鲁莽,要仔细考虑,然后行动,则成功的可能性会大一些,碰壁的可能性会小一些。

要数典而不忘祖,也并不难。这个典故就出在《论语·公冶长第五》:"季文子三思而后行。子闻之曰:'再,斯可矣。'"这说明,孔老夫子是持反对意见的。吾家老祖宗文子(季孙行父)的三思而后行的举动,二千六七百年以来,历代都得到了几乎全天下人的赞扬,包括许多大学者在内。查一查《十三经注疏》,就能一目了然。《论语正义》说:"三思者,言思之多,能审慎也。"许多书上还表扬了季文子,说他是"忠而有贤行者"。甚至有人认为三思还不够。《三国志·吴书·诸葛恪传注》中说：有人劝恪"每事必十思"。可是我们的孔圣人却冒天下之大不韪，批评了季文子三思过多，只思二次（再）就够了。

这怎么解释呢？究竟谁是谁非呢？

我们必须先弄明白，什么叫"三思"。总起来说，对此有两个解释，一个是"言思之多"，这在上面已经引过。一个是"君子之谋也，始衷（中）终皆举之而后入焉"。这话虽为文子自己所说，然而孔子以及上万上亿的众人却不这样理解。他们理解，一直到今天，仍然是"多思"。

多思有什么坏处呢？又有什么好处呢？根据我个人几十年来的体会，除了下围棋、象棋等等以外，多思有时候能使人昏昏，容易误事。平常骂人说是"不肖子孙"，意思是与先人的行动不一样的人。我是季文子的最"肖"子孙。我平常做事不但三思，而且超过三思，是否达到了人们要求诸葛恪做的"十思"，没做统计，不敢乱说。反正是思过来，思过去，越思越糊涂，终而至头昏昏然，而仍不见行动，不敢行动。我这样一个过于细心的人，有时会误大事的。我觉得，碰到一件事，决不能不思而行，鲁莽行动。记得当年在德国时，法西斯统治正如火如荼，一些盲目崇拜希特勒的人，常常使用一个词儿 Darauf-galngertum，意思是"说干就干，不必思考"。这是法西斯的做法，我们必须坚决扬弃。遇事必须深思熟虑，先考虑可行性，考虑的方面越广越好。然后再考虑不可行性，也是考虑的方面越广越好。正反两面仔细考虑完以后，就必须加以比较，作出决定，立即行动。如果你考虑正面，又考虑反面之后，再回头来考虑正面，又再考虑反面，那么，如此循环往复，终无宁日，最终成为考虑的巨人，行动的侏儒。

所以，我赞成孔子的"再，斯可矣"。

1997年5月11日

难得糊涂

清代郑板桥提出来的亦书写出来的"难得糊涂"四个大字,在中国,真可以说是家喻户晓,尽人皆知的。一直到今天,二百多年过去了,但在人们的文章里,讲话里,以及嘴中常用的口语中,这四个字还经常出现,人们都耳熟能详。

我也是难得糊涂党的成员。

不过,在最近几个月中,在经过了一场大病之后,我的脑筋有点开了窍。我逐渐发现,糊涂有真假之分,要区别对待,不能眉毛胡子一把抓。

什么叫真糊涂,而什么又叫假糊涂呢?

用不着做理论上的论证,只举几个小事例就足以说明了。例子就从郑板桥举起。

郑板桥生在清代乾隆年间,所谓康乾盛世的下一半。所谓盛世历代都有,实际上是一块其大无垠的遮羞布。在这块布下面,一切都照常进行。只是外寇来的少,人民作乱者寡,大部分人能勉强吃饱了肚子,"不识不知,顺帝之则"了。最高统治者的宫廷斗争,仍然是血腥淋漓,外面小民是不会知道的。历代的统治者都喜欢没有头脑没有思想的人;有这两个条件的只是士这个阶层。所以士一直是历代统治者的眼中钉。可离开他们又不行。于是胡萝卜与大棒并举。少部分争取到皇帝帮闲或帮忙的人,大致已成定局。等而下之,一大批士都只有一条向上爬的路——科举制度,成功与否,完全看自己的运气。翻一翻《儒林外史》,就能洞悉一切。但同时皇帝也多以莫须有的罪名大兴文字狱,杀鸡给猴看。统治者就这样以软硬兼施的手法,统治天下。看来大家都比较满意。但是我认为,这是真糊涂,如影随形,就在自己身上,并不"难得"。

我的结论是:真糊涂不难得,真糊涂是愉快的,是幸福的。

此事古已有之,历代如此。楚辞所谓"举世皆浊我独清,众人皆醉我独醒",所谓"醉",就是我说的糊涂。

可世界上还偏有郑板桥这样的人,虽然人数极少极少，但毕竟是有的。他们为天地留了点正气。他已经考中了进士。据清代的一本笔记上说，由于他的书法不是台阁体，没能点上翰林，只能外放当一名知县，"七品官耳"。他在山东潍县做了一任县太爷，又偏有良心，同情小民疾苦，有在潍县衙斋里所作的诗为证。结果是上官逼，同僚挤，他忍受不了，只好丢掉乌纱帽，到扬州当八怪去了。他一生诗书画中都有一种愤懑不平之气，有如司马迁的《史记》。他倒霉就倒在世人皆醉而他独醒，也就是世人皆真糊涂而他独必须装糊涂，假糊涂。

我的结论是：假糊涂才真难得，假糊涂是痛苦，是灾难。

现在说到我自己。

我初进三〇一医院的时候，始终认为自己患的不过是癣疥之疾。隔壁房间里主治大夫正与北大校长商议发出病危通告，我这里却仍然嬉皮笑脸，大说其笑话。终医院里的四十六天，我始终没有危急感。现在想起来，真正后怕。原因就在，我是真糊涂，极不难得，极为愉快。

我虔心默祷上苍，今后再也不要让真糊涂进入我身，我宁愿一生背负假糊涂这一个十字架。

2002年12月2日在三〇一医院于
大夫护士嘈杂声中写成，亦一快事也。

长生不老

长生不老，过去中国历史上，颇有一些人追求这个境界。那些炼丹服食的老道们不就是想"丹成入九天"吗？结果却是"服食求神仙，多为药所误"，最终还是翘了辫子。

最积极的应该数那些皇帝老爷子。他们骑在人民头上，作威作福，后宫里还有佳丽三千，他们能舍得离开这个世界吗？于是千方百计，寻求长生不老之术。最著名的有秦皇、汉武、唐宗、宋祖——这后一位情况不明，为了凑韵，把他拉上了，最后都还是宫车晚出，龙驭上宾了。

我常想，现代人大概不会再相信长生不老了。然而，前几天阅报说，有的科学家正在致力于长生不老的研究。我心中立刻一闪念：假如我晚生80年，现在年龄9岁，说不定还能赶上科学家们研究成功，我能分享一份。但我立刻又一闪念，觉得自己十分可笑。自己不是标榜豁达吗？"应尽便须尽，无复独多虑。"原来那是自欺欺人。老百姓说"好死不如赖活着"，我自己也属于"赖"字派。

我有时候认为，造化小儿创造出人类来，实在是多此一举。如果没有人类，世界要比现在安静祥和得多了。可造化小儿也立了一功：他不让人长生不老。否则，如果人人都长生不老，我们今天会同孔老夫子坐在一条板凳上，在长安大戏院里欣赏全本的《四郎探母》，那是多么可笑而不可思议的情景啊！我继而又一想，如果五千年来人人都不死，小小的地球上早就承担不了了。所以我们又应该感谢造化小儿。

在对待生命问题上，中国人与印度人迥乎不同。中国人希望转生，连唐明皇和杨贵妃不也是希望"生生世世为夫妻"吗？印度人则在笃信轮回转生之余，努力寻求跳出轮回的办法。以佛教而论，小乘终身苦修，目的是想达到涅槃。大乘顿悟成佛，目的也无非是想达到涅槃。涅槃者，圆融清静之谓，这个词的原意就是"终止"，终止者，跳出轮回不再转生也。中印两国人民的心态，在对待生死大事方面，是完全不同的。

据我个人的看法，人一死就是涅槃，不用你苦苦去追求。那种追求是"可怜无补费工夫"。在亿万年地球存在的期间，一个人只能有一次生命。这一次生命是万分难得的。我们每一个人都必须认识到这一点，切不可掉以轻心。尽管人的寿夭不同，这是人们自己无能为力的。不管寿长寿短，都要尽力实现这仅有的一次生命的价值。多体会民胞物与的意义，使人类和动植物都能在仅有的一生中过得愉快，过得幸福，过得美满，过得祥和。

2000 年 10 月 7 日凌晨一挥而就

笑着走

走者,离开这个世界之谓也。赵朴初老先生,在他生前曾对我说过一些预言式的话。比如,1986年,朴老和我奉命陪班禅大师乘空军专机赴尼泊尔公干。专机机场在大机场的后面。当我同李玉洁女士走进专机候机大厅时,朴老对他的夫人说:"这两个人是一股气。"后来又听说,朴老说:别人都是哭着走,独独季羡林是笑着走。这一句话给我留下了很深的印象。我认为,他是十分了解我的。

现在就来分析一下我对这一句话的看法。应该分两个层次来分析:逻辑分析和思想感情分析。

先谈逻辑分析。

江淹的《恨赋》最后两句是:"自古皆有死,莫不饮恨而吞声。"第一句话是说，死是不可避免的。对待不可避免的事情，最聪明的办法是，以不可避视之，然后随遇而安，甚至逆来顺受，使不可避免的危害性降至最低点。如果对生死之类的不可避免性进行挑战，则必然遇大灾难。"服食求神仙，多为药所误"。秦皇、汉武、唐宗等等是典型的例子。既然非走不行，哭又有什么意义呢？反不如笑着走更使自己洒脱，满意，愉快。这个道理并不深奥，一说就明白的。我想把江淹的文章改一下：既然自古皆有死，何必饮恨而吞声呢？

总之，从逻辑上来分析，达到了上面的认识，我能笑着走，是不成问题的。

但是，人不仅有逻辑，他还有思想感情。逻辑上能想得通的，思想感情未必能接受。而且思想感情的特点是变动不居。一时冲动，往往是靠不住的。因此，想在思想感情上承认自己能笑着走，必须有长期的磨炼。

在这里，我想，我必须讲几句关于赵朴老的话。不是介绍朴老这个人。"天下谁人不识君"，朴老是用不着介绍的。我想讲的是朴老的"特异功能"。很多人都知道，朴老一生吃素，不近女色，他有特异功能，是理所当然的。他是虔诚的佛教徒，一生不妄言。他说我会笑着走，我是深信不疑的。

我虽然已经九十五岁,但自觉现在讨论走的问题,为时尚早。再过十年,庶几近之。

2006年3月19日

谈礼貌

眼下,即使不是百分之百的人,也是绝大多数的人,都抱怨现在社会上不讲礼貌。这完全有事实做根据的。前许多年,当时我腿脚尚称灵便,出门乘公共汽车的时候多,几乎每一次我都看到在车上吵架的人,甚至动武的人,起因都是微不足道的:你碰了我一下,我踩了你的脚,如此等等。试想,在拥拥挤挤的公共汽车上,谁能不碰谁呢?这样的事情也值得大动干戈吗?

曾经有一段时间,有关的机关号召大家学习几句话:"谢谢!""对不起!"等等,就是针对上述的情况而发的。其用心良苦,然而我心里却觉得不是滋味。一个有五千年文明的堂堂大国竟要学习幼儿园孩子们学说的话,岂不大可哀哉!

有人把不讲礼貌的行为归咎于新人类或新新人类。我并无资格成为新人类的同党，我已经是属于博物馆的人物了。但是，我却要为他们打抱不平。在他们诞生以前，有人早著了先鞭。不过，话又要说回来。新人类或新新人类确实在不讲礼貌方面有所创造，有所前进，他们发扬光大这种并不美妙的传统，他们（往往是一双男女）在光天化日之下，车水马龙之中，拥抱接吻，旁若无人，洋洋自得，连在这方面比较不拘细节的老外看了都目瞪口呆，惊诧不已。古人说："闺房之内，有甚于画眉者。"这是两口子的私事，谁也管不着。但这是在闺房之内的事，现在竟几乎要搬到大街上来，虽然还没有到"甚于画眉"的水平，可是已经很可观了。新人类还要新到什么程度呢？

如果一个人孤身住在深山老林中，你愿意怎样都行。可我们是处在社会中，这就要讲究点人际关系。人必自爱而后人爱之。没有礼貌是目中无人的一种表现，是自私自利的一种表现，如果这样的人多了，必然产生与社会不协调的后果。千万不要认为这是个人小事而掉以轻心。

现在国际交往日益频繁，不讲礼貌的恶习所产生的恶劣影响，已经不局限于国内，而是会流布全世界。前几年，我看到过一个什么电视片，是由一个意大利著名摄影家拍摄的，主题是介绍北京情况的。北京的名胜古迹当然都包罗无遗，但是，我的眼前忽然一亮：一个光着膀子的胖大汉骑自行车双手撒把，作打太极拳状，飞驰在天安门前宽广的大马路上，给人的形象是野蛮无礼。这样的形象并不多见，然而却没有逃过一个老外的眼光。我相信，这个电视片是会在全世界都放映的。它在外国人心目中会产生什么影响，不是一清二楚了吗？

最后，我想当一个文抄公，抄一段香港《大公报》上的话："富者有礼高贵，贫者有礼免辱，父子有礼慈孝，兄弟有礼和睦，夫妻有礼情长，朋友有礼义笃，社会有礼祥和。"

2001年1月29日

论压力

《参考消息》今年7月3日以半版的篇幅介绍了外国学者关于压力的说法。我也正考虑这个问题，因缘和合，不免唠叨上几句。

什么叫"压力"？上述文章中说："压力是精神与身体对内在与外在事件的生理与心理反应。"下面还列了几种特性，今略。我一向认为，定义这玩意儿，除在自然科学上可能确切外，在人文社会科学上则是办不到的。上述定义我看也就行了。

是不是每一个人都有压力呢？我认为，是的。我们常说，人生就是一场拼搏，没有压力，哪来的拼搏？佛家说，生、老、病、死、苦，苦也就是压力。过去的国王、皇帝，近代外国的独裁者，无法无天，为所欲为，看上去似乎一点压力都没有。然而他们却战战兢兢，时时如临大敌，担心边患，担心宫廷政变，担心被毒害被刺杀。他们是世界上最孤独的人，压力比任何人都大。大资本家钱太多了，担心股市升降，房地产价波动，等等。至于吾辈平民老百姓，"家家有一本难念的经"，这些都是压力，谁能躲得开呢？

压力是好事还是坏事？我认为是好事。从大处来看，现在全球环境污染，生态平衡破坏，臭氧层出洞，人口爆炸，新疾病丛生等等，人们感觉到了，这当然就是压力，然而压出来的却是增强忧患意识，增强防范措施，这难道不是天大的好事吗？对一般人来说，法律和其他一切合理的规章制度，都是压力。然而这些压力何等好啊！没有它，社会将会陷入混乱，人类将无法生存。这个道理极其简单明了，一说就懂。我举自己作一个例子。我不是一个没有名利思想的人——我怀疑真有这种人，过去由于一些我曾经说过的原因，表面上看起来，我似乎是淡泊名利，其实那多半是假象。但是，到了今天，我已至望九之年，名利对我已经没有什么用，用不着再争名于朝，争利于市，这方面的压力没有了。但是却来了另一方面的压力，主要来自电台采访和报刊以及友人约写文章。这对我形成颇大的压力。以写文章而论，有的我实在不愿意写；可是碍于面子，不得不应。应就是压力。于是"拨冗"苦思，往往能写出有点新意的文章。对我来说，这就是压力的好处。

　　压力如何排除呢？粗略来分类，压力来源可能有两类：一被动，一主动。天灾人祸，意外事件，属于被动，这种压力，无法预测，只有泰然处之，切不可杞人忧天。主动的来源于自身，自己能有所作为。我的"三不主义"的第三条是"不嘀咕"，我认为：能做到遇事不嘀咕，就能排除自己制造成的压力。

1998 年 7 月 8 日

论恐惧

法国大散文家和思想家蒙田写过一篇散文《论恐惧》。他一开始就说:"我并不像有人认为的那样是研究人类本性的学者,对于人为什么恐惧所知甚微。"我当然更不是一个研究人类本性的学者,虽然在高中时候读过心理学这样一门课,但其中是否讲到过恐惧,早已忘到爪哇国去了。

可我为什么现在又写《论恐惧》这样一篇文章呢?

理由并不太多,也谈不上堂皇。只不过是因为我常常思考这个问题,而今又受到了蒙田的启发而已。好像是蒙田给我出了这样一个题目。

根据我读书思考的结果,也根据我自己的经验,恐惧这一种心理活动和行动是异常复杂的,决不是三言两语所能说得清楚的。人们可以从很多角度上来探讨恐惧问题。我现在谈一下我自己从一个特定角度上来研究恐惧现象的想法,当然也只能极其概括,极其笼统地谈。

我认为,应当恐惧而恐惧者是正常的,应当恐惧而不恐惧者是英雄,我们平常所说的从容镇定,处变不惊,就是指的这个。不应当恐惧而恐惧者是孱头。不应当恐惧而不恐惧者也是正常的。

两个正常的现象用不着讲,我现在专讲二三两个不正常的现象。要举事例,那就不胜枚举。我索性专门从《晋书》里面举出两个事例,两个都与苻坚有关。《谢安传》中有一段话:"玄等既破坚,有驿书至,安方对客围棋,看书既,竟便摄放床上,了无喜色,棋如故。客问之,徐答曰:'小儿辈遂已破贼。'"苻坚大兵压境,作为大臣的谢安理当恐惧不安,然而却竟这样从容镇定,至今传颂不已。所以,我称之为英雄。

《晋书·苻坚传》有下面这几段话:"谢石等以既败梁成,水陆继进。坚与苻融登城而望王师,见部阵齐整,将士精锐,又北望山上草木皆类人形,顾谓融曰:'此亦劲敌也,何谓少乎!'怃然有惧色。"下面又说:"坚大惭,顾谓其夫人张氏曰:'朕若用朝臣之言,岂见今日之事耶!当何面目复临天下乎!'潸然流涕而去,闻风声鹤唳，皆谓晋师之至。"这活生生地画出了一个孬头。敌兵压境，应当振作起来，鼓励士兵，同仇敌忾，可是苻坚自己却先泄了气。这样的人不称为孬头，又称之为什么呢？结果留下了两句著名的话：风声鹤唳，草木皆兵，至今还活在人民的口中，也可以说是流什么千古了。

如果想从《论恐惧》这一篇短文里吸取什么教训的话，那就是明明白白地摆在眼前的。我们都要锻炼自己，对什么事情都不要惊慌失措，而要处变不惊。

2001年3月13日

论正义

我先说一件小事情：

我到德国以后，不久就定居在一个小城里，住在一座临街的三层楼上。街上平常很寂静，几乎一点声音都没有，只有一排树寂寞地站在那里。但有一天的下午，下面街上却有了骚动。我从窗子里往下一看，原来是两个孩子在打架。一个大约有十四五岁，另外一个顶多也不过八九岁，两个孩子平立着，小孩子的头只达到大孩子的胸部。无论谁也一看就知道，这两个孩子真是势力悬殊，不是对手。果然刚一交手，小孩子已经被打倒在地上，大孩子就骑在他身上，前面是一团散乱的金发，背后是两只舞动着的穿了短裤的腿，大孩子的身躯仿佛一座山似的镇在中间。清脆的手掌打到脸上的声音就拂过繁茂的树枝飘上楼来。

几分钟后，大孩子似乎打得疲倦了，就站了起来，小孩子也随着站起来。大孩子忽然放声大笑，这当然是胜利的笑声。但小孩子也不甘示弱，他也大笑起来，笑声超过了大孩子。

这似乎又伤了大孩子的自尊心，跳上去，一把抓住小孩子的金发，把他按在地上，自己又骑他身上。前面仍然又是一团散乱的金发，背后是两只舞动的腿。清脆的手掌打到脸上的声音又拂过繁茂的树枝飘上楼来。

这时观众愈来愈多，大半都是大人，有的把自行车放在路边也来观战，战场四周围满了人。但却没有一个人来劝解。等大孩子第二次站起来再放声大笑的时候，小孩子虽然还勉强奉陪，但眼睛里却已经充满了泪。他仿佛是一只遇到狼的小羊，用哀求的目光看周围的人，但看到的却是一张张含有轻蔑讥讽的脸。他知道从他们那里绝对得不到援助了。抬头猛然看到一辆自行车上有打气的铁管，他跑过去，把铁管抢在手里，预备回来再战。但在这时候却有见义勇为的人们出来干涉了。他们从他手里把铁管夺走，把他申斥了一顿，说他没有勇气，大孩子手里没有武器，他也不许用。结果他又被大孩子按在地上。

我开头就注意到住在对面的一位胖太太在用水擦窗子上的玻璃。大战剧烈的时候，我就把她忘记了。其间她做了些什么事情，我毫没看到。等小孩子第三次被按到地上，我正在注视着抓在大孩子手里的小孩子的散乱的金发和在大孩子背后舞动着的双腿，蓦地有一条白光从对面窗子里流出来，我连吃惊都没来得及，再一看，两个孩子身上已经满了水，观众也有的沾了光。大孩子立刻就起来，抖掉身上的水，小孩子也跟着爬起来，用手不停地摸头，想把水挤出来。大孩子笑了两声，小孩子也放声狂笑。观众也都大笑着，走散了。

我开头就说到这是一件小事情，但我十几年来多少大事情都忘记了，却偏不能忘记这小事情，而且有时候还从这小事情想了开去，想到许多国家大事。日本占领东北的时候，我正在北平的一个大学里做学生。当时政府对日本一点办法都没有，尽管学生怎样请愿，怎样卧轨绝食，政府却只能搪塞。无论嘴上说的多强硬，事实上却把一切希望都放在国际联盟上，梦想欧美强国能挺身出来主持"正义"。我当时虽然对政府的举措一点都不满意；但我也很天真地相信世界上有"正义"这一种东西，而且是可以由人来主持的。我其实并没有思索，究竟什么是"正义"，我只是直觉地觉得这东西很是具体，一点也不抽象神秘。这东西既然有，有人来主持也自然是应当的。中国是弱国，日本是强国，以强国欺侮弱国，我们虽然丢了几省的地方，但有谁会说"正义"不是在我们这边呢？当然会有人替我们出来说话了。

但我很失望，我们的政府也同样失望。我当然很愤慨，觉得欧美列强太不够朋友，明知道"正义"是在我们这边，却只顾打算自己的利害，不来帮忙。我想我们的政府当道诸公也大概有同样的想法，而且一直到现在，事情已经过去十几年了，他们还似乎没有改变想法，他们对所谓"正义"还没有失掉信心。虽然屡次希望别人出来主持"正义"而碰了钉子，他们还仍然在那里做梦，梦到在虚无飘渺的神山那里有那么一件东西叫作"正义"。最近大连问题就是个好例子。

对政府这种坚忍不拔的精神和毅力，我非常佩服。但我更佩服的是政府诸公的固执。我自己现在却似乎比以前聪明点了，我现在已经确切知道了，世界上，除了在中国人的心里以外，并没有"正义"这一种东西，我仿佛学佛的人蓦地悟到最高的智慧，心里的快乐没有法子形容。让我得到这样一个奇迹似的"顿悟"的，就是上面说的那一件小事情。

那一件小事情虽然发生在德国，但从那里抽绎出来的教训却对欧美各国都适用。说明白点就是，欧美各国所崇拜的都是强者，他们只对强者有同情，物质方面的强同精神方面的强都一样，而且他们也不管这"强"是怎样造成的。譬如上面说到的那两个孩子，大孩子明明比小孩子大很多岁，身体也高得多，力量当然也强。相形之下，小孩子当然是弱小者，而且对这弱小他自己一点都不能负责任；但德国人却不管这许多。只要大孩子能把小孩子打倒，在他们眼里，大孩子就成了英雄。他们能容许一个大孩子打一个小孩子；但却不容许小孩子利用武器，这是不是因为他们认为倘用武器就不算好汉？或者认为这样就不 fairplay？这一点我还不十分清楚。

我不是哲学家，但我却想这样谈一个有点近于哲学的问题，我想把上面说的话引申一下，来谈一谈欧洲文明的特点。据我看欧洲文明一个最显著的特点就是力的崇拜，身体的力和智慧的力都在内。这当然不自今日始，在很早的时候，他们已经有了这个倾向，所以他们要征服自然，要到各处去探险，要做别人不敢做的事情。在中世纪的时候，一个法官判决一个罪犯，倘若罪犯不服，他不必像现在这样麻烦，要请律师上诉，他只要求同法官决斗，倘若他胜了，一切判决就都失掉了效用。现在罪犯虽然不允许同法官决斗了；但决斗的风气仍然流行在民间。一提到决斗，他们千余年来制定的很完整的法律就再没有说话的权利，代替法律的是手枪利剑。另外还可以从一件小事情上看出这种倾向。在德国骂人，倘若应用我们的"国骂"，即便是从妈开始一直骂到三十六代的祖宗，他们也只摇摇头，一点不了解。倘若骂他们是猪、是狗，他们也许会红脸。但倘若骂他们是懦夫（Feigling），他们立刻就会跳起来同你拼命。可见他们认为没有勇气，没有力量是最可耻的事情。反过来说，无论谁，只要有勇气，有力量，他们就崇拜，根本不问这勇气这力量用得是不是合理。谁有力量，"正义"就在谁那里。力量就等于"正义"。

我以前每次读俄国历史，总有那一个问题：为什么那几个比较软弱而温和的皇帝都给人民杀掉，而那几个刚猛暴戾而残酷的皇帝，虽然当时人民怕他们，或者甚至恨他们，然而时代一过就成了人民崇拜的对象？最好的例子就是伊凡四世。他当时残暴无道，拿杀人当儿戏，是一个在心理和生理方面都不正常的人。所以人民给他送了一个外号叫作"可怕的伊凡"。可见当时人民对他的感情并不怎样好。但时间一久，这坏感情全变了，民间产生了许多歌来歌咏甚至赞美这"可怕的伊凡"。在这些歌里，他已经不是"可怕的"，而是为人民所爱戴的人物了。这情形并不限于俄国，在别的地方也可以遇到。譬如希特勒，在他生前固然为人民所爱戴拥护，当他把整个的德国带向毁灭，自己也毁灭了以后，成千上万的人没有房子住，没有东西吃；几百年以来宏伟的建筑都烧成了断瓦颓垣；一切文化精华都荡然无存；论理德国人应该怎样恨他，但事实却正相反，我简直没有遇到多少真正恨他的人，这不是有点不可解么？但倘若我们从上面说到的观点来看，就会觉得这一点都不奇怪了，可怕的伊凡、更可怕的希特勒都是强者，都有力量，力量就等于"正义"。

回来再看我们中国，就立刻可以看出来，我们对"正义"的看法同欧洲人不大相同。我虽然在任何书里还没有找到关于"正义"的定义；但一般人却对"正义"都有一个不成文法的共同看法，只要有正义感的人绝不许一个十四五岁的大孩子打一个八九岁的小孩子。在小说里我们常看到一个豪杰或剑客走遍天下，专打抱不平，替弱者帮忙。虽然一般人未必都能做到这一步；但却没有人不崇拜这样的英雄。中国人因为世故太深，所以弄到"各扫门前雪，不管他人瓦上霜"，有时候不敢公然出来替一个弱者说话；但他们心里却仍然给弱者表同情。

这就是他们的正义感。

这正义感当然是好的；但可惜时代变了，我们被拖到现代的以白人为中心的世界舞台上去，又适逢我们自己泄气，处处受人欺侮。我们自己承认是弱者，希望强者能主持"正义"来帮我们的忙，却没有注意，我们心里的"正义"同别人的"正义"完全不是一回事，我们自己虽然觉得"正义"就在我们这里；但在别人眼里，我们却只是可怜的丑角，低能儿。欧美人之所以不帮助我们，并不像我们普通想到的，这是他们的国策。事实上他们看了我们这种猥猥琐琐不争气的样子，从心里感到厌恶。一个敢打欧美人耳光的中国人在欧美心目中的地位比一个只会向他们谄笑鞠躬的高等华人高得多。只有这种人他们才从心里佩服。可惜我们中国人很少有勇气打一个外国人的耳光，只会谄笑鞠躬，虽然心被填满了"正义"，也一点用都没有，仍然是左碰一个钉子，右碰一个钉子，一直碰到现在，还有人在那里做梦，梦到在虚无飘渺的神山那里有那么一件东西叫作"正义"。

我希望我们赶快从这梦里走出来。

1948年4月16日　北京大学

论朋友

人类是社会动物，一个人在社会中不可能没有朋友。任何人的一生都是一场搏斗。在这一场搏斗中，如果没有朋友，则形单影只，鲜有不失败者。如果有了朋友，则众志成城，鲜有不胜利者。

因此，在人类几千年的历史上，任何国家，任何社会，没有不重视交友之道的，而中国尤甚。在宗法伦理色彩极强的中国社会中，朋友被尊为五伦之一，曰"朋友有信"。我又记得什么书中说："朋友，以义合者也。""信""义"含义大概有相通之处。后世多以"义"字来要求朋友关系，比如《三国演义》"桃园三结义"之类就是。

《说文》对"朋"字的解释是："凤飞，群鸟从以万数,故以为朋党字。""凤"和"朋"大概只有轻唇音重唇音之别。对"友"的解释是"同志为友"。意思非常清楚。中国古代,肯定也有"朋友"二字连用的,比如《孟子》。《论语》"有朋自远方来,不亦说乎"却只用一个"朋"字。不知从什么时候起,"朋友"才经常连用起来。

在中国几千年的历史上,重视友谊的故事不可胜数。最著名的是管鲍之交,钟子期和伯牙的知音的故事等等,刘、关、张三结义更是有口皆碑。一直到今天,我们还讲究"哥儿们义气",发展到最高程度,就是"为朋友两肋插刀"。只要不是结党营私,我们是非常重视交朋友的。我们认为,中国古代把朋友归入五伦是有道理的。

我们现在看一看欧洲人对友谊的看法。欧洲典籍数量虽然远远比不上中国,但是,称之为汗牛充栋也是当之无愧的。我没有能力来旁征博引,只能根据我比较熟悉的一部书来引证一些材料,这就是法国著名的《蒙田随笔》。

《蒙田随笔》上卷,第二十八章,是一篇叫作《论友谊》的随笔。其中有几句话:

> 我们喜欢交友胜过其他一切,这可能是我们本性所使然。亚里士多德说,好的立法者对友

谊比对公正更关心。

寥寥几句，充分说明西方对友谊之重视。蒙田接着说：

> 自古就有四种友谊：血缘的、社交的、待客的和男女情爱的。

这使我立即想到，中西对友谊含义的理解是不相同的。根据中国的标准，"血缘的"不属于友谊，而属于亲情。"男女情爱的"也不属于友谊，而属于爱情。对此，蒙田有长篇累牍的解释，我无法一一征引。我只举他对爱情的几句话：

> 爱情一旦进入友谊阶段，也就是说，进入意愿相投的阶段，它就会衰落和消逝。爱情是以身体的快感为目的，一旦享有了，就不复存在。相反，友谊越被人向往，就越被人享有，友谊只是在获得以后才会升华、增长和发展，因为它是精神上的，心灵会随之净化。

这一段话，很值得我们仔细推敲、品味。

1999年10月26日

漫谈撒谎

一

世界上所有的堂堂正正的宗教，以及古往今来的贤人哲士，无不教导人们：要说实话，不要撒谎。笼统来说，这是无可非议的。

最近读日本稻盛和夫、梅原猛著，卞立强译的《回归哲学》第四章，梅原和稻盛两人关于不撒谎的议论。梅原说："不撒谎是最起码的道德。自己说过的事要实行，如果错了就说错了——我希望现在的领导人能做到这样最普通的事。苏格拉底可以说是最早的哲学家，在苏格拉底之前有些人自称是诡辩家、智者。所谓诡辩家，就是能把白的说成黑的，站在A方或反A方同样都可以辩论。这样的诡辩家教授辩论术，曾经博得人们欢迎。

原因是政治需要颠倒黑白的辩论术。"

在这里，我想先对梅原的话加上一点注解。他所说的"现在的领导人"，指的是像日本这样国家的政客。他所说的"政治需要颠倒黑白的辩论术"，指的是古代希腊的政治。

梅原在下面又说："苏格拉底通过对话揭露了掌握这种辩论术的诡辩家的无智。因而他宣称自己不是诡辩家，不是智者，而是'爱智者'。这是最初的哲学。我认为哲学家应当回归其原点，恢复语言的权威。也就是说，道德的原点是'不撒谎'。……不撒谎是道德的基本和核心。"

梅原把"不撒谎"提高到"道德原点"的高度，可见他对这个问题是多么重视。我们且看一看他的对话者稻盛是怎样对待这个问题的。稻盛首先表示同意梅原的意见。可是，随后他就撒谎问题作了一些具体的分析。他讲到自己的经历，他说，有一个他敬仰的颇有点浪漫气息的人对他说："稻盛，不能说假话，但也不必说真话。"他听了这话，简直高兴得要跳起来。接着他就写了下面一段话："我从小父母也是严格教导我不准撒谎。我当上了经营的负责人之后，心里还是这么想：说谎可不行啊！可是，在经营上有关企业的机密和人事等问题，有时会出现很难说真话的情况。我想我大概是为这些难题苦恼时而跟他商量的。他的这种回答在最低限度上贯彻了'不撒谎'的态度，但又不把真实情况和盘托出，这样就可以求得局面的打开。"

上面我引用了两位日本朋友的话，一位是著名的文学家，一位是著名的企业家。他们俩都在各自的行当内经过了多年的考验与磨炼，都富于人生经验。他们的话对我们会有启发的。我个人觉得，稻盛引用的他那位朋友的话："不能说假话，但也不必说真话！"最值得我们深思。我的意思就是，对撒谎这类的社会现象，我们要进行细致的分析。

二

我们中国的父母，同日本稻盛的父母一样，也总是教导子女：不要撒谎。可怜天下父母心，总希望自己的子女能做一个堂堂正正的人，一个诚实可靠的人。如果子女撒谎成性，就觉得自己脸面无光。

不但父母这样教导，我们从小受教育也接受这种要诚实、不撒谎的教育。我记得小学教科书上讲了一个故事，内容是：一个牧童在村外牧羊，有一天忽然想出了一个坏点子，大声狂呼："狼来了！"村里的人听到呼声，都争先恐后地拿上棍棒，带上斧刀，跑往村外，到了牧童所在的地方，那牧童却哈哈大笑，看到别人慌里慌张，觉得很开心，又很得意。谁料过了不久，果真有狼来了，牧童再狂呼时，村里的人却毫无动静，他们上当受骗一次，不想再重蹈覆辙。牧童的结果怎样，就用不着再说了。

所有这一些教导都是好的，但是也有一个共同的缺点，就是缺乏分析。

上面我说到，稻盛对撒谎问题是进行过一些分析的。同样，几百年前的法国大散文家蒙田（1533—1592），对撒谎问题也是做过分析的。在《蒙田随笔》上卷第九章《论撒谎者》，蒙田写道："有人说，感到自己记性不好的人，休想成为撒谎者，这样说不无道理。我知道，语法学家对说假话和撒谎是作区别的。他们说，说假话是指说不真实的，但却信以为真的事，而撒谎一词源于拉丁语（我们的法语就源于拉丁语）。这个词的定义包含违背良知的意思，因此只涉及那些言与心违的人。"

大家一琢磨就能够发现，同样是分析，但日本朋友和蒙田的着眼点和出发点，都是不同的。其间区别是相当明显的，用不着再来啰唆。

记得鲁迅先生有一篇文章，讲的是一个阔人生子庆祝，宾客盈门，竞相献媚。有人说：此子将来必大富大贵。主人喜上眉梢。又有人说，此子将来必长命百岁。主人乐在心头。忽然有一个人说：此子将来必死。主人怒不可遏。但是，究竟谁说的是实话呢？

　　写到这里，我自己想对撒谎问题来进行点分析。我觉得，德国人很聪明，他们有一个词儿 notluege，意思是"出于礼貌而不得不撒的谎"。一般说来，不撒谎应该算是一种美德，我们应该提倡。但是不能顽固不化。假如你被敌人抓了去，完全说实话是不道德的，而撒谎则是道德的。打仗也一样。我们古人说"兵不厌诈"，你能说这是不道德吗？我想，举了这两个小例子，大家就可以举一反三了。

1996 年 12 月 7 日

我们为什么有时候应当说谎？

我已经在"夜光杯"上写过两篇《论撒谎》的短文，我对这个问题已经阐述得差不多了，本不应，也不想再来饶舌了。但是，我最近在《书摘》1998年11期读到了摘自何怀宏先生的《底线伦理》的名曰《我们为什么不应当说谎？》的文章，心有所感，便写了这一篇短文。

何文在开始前就用黑体字写了或引了一段话："说谎不仅是对直接受骗者的伤害，也是对整个社会的伤害。"这个纲上得够高的了。下面在文章中，作者首先说："说谎本身即恶，诚实本身即善。"然后根据康德的学说，对说谎作了哲学的分析。康德认为，说谎由于其本身的性质而要自己否定自己。作者在下面又根据康德的学说对说谎进行了分析，他首先提出了普遍化原则。他说："它

（指说谎——引者）一旦被试以能否普遍化的原则，就要自相矛盾，自行取消。"接着他又提出了说谎违反了人是目的的原则，说谎者把人仅仅视作手段，而不是目的。他进一步又说，说谎也可以说是违反了意志自律的原则。以上是康德的三原则。

作者接着又阐述了自己的观点。他认为，康德不赞同根据效果来进行道德论证，他却说有必要把效果也考虑进来。他的结论是：说谎从其性质和效果上都是一件坏事，而诚实却从两方面来说都是一件好事。

我不懂哲学，不喜欢哲学；但是从我的日常经验来说，我总觉得这是哲学家之论，书生之论，秀才之论。崇诚实而抑说谎无疑是正确的。但是，我们必须考虑场合，考虑谎言的性质。在敌人的法庭上，在夹棍、油锅等等逼供刑具的威胁下，你能对敌人诚实吗？你能把自己方面的秘密诚实地和盘托出吗？在这样的场合下，诚实反而是罪恶，而说谎则是美德。

即使在我们日常生活中，也会常常碰到说实话与说谎话的矛盾。比如有人请你去开会，你因某一些原因不想去，那么，你就可以说：已经有了别的安排，或者说身体不适。这样一来，如果对方是聪明人的话，他会心照不宣，双方都保持了面子。如果你想遵守诚实的原则，直白地说:"你们的会不够格,我不想去参加。"对方会被置于尴尬的境地,气量小者则会勃然大怒。双方本来有的友谊可能因此而破裂。这样的谎言我们几乎常常会说,它对双方都无害。它不但不是非道德的,而是必要的。对保持人与人关系的安定团结,是不可或缺的。

我再重复一遍,我不是哲学家,也不是伦理学家;但是,我说的话,虽然看上去是幼儿园的水平,可都是大实话。

1998年11月18日

论说假话

我曾在本栏发表过两篇论撒谎的千字文。现在我忽发奇想,想把撒谎或者说谎和说假话区别开来,我认为二者之间是有一点区别的,不管是多么微妙,毕竟还是有区别。我认为,撒谎有利于自己,多一半却有害于别人。说假话或者不说真话,则彼此两利。

空口无凭,事例为证。有很多人有了点知名度,于是社会活动也就多了起来。今天这里召开座谈会,明天那里举行首发式,后天又有某某人的纪念会,如此等等,不一而足。事实上是不可能全参加的,而且从内心深处也不想参加。在这样的情况下,如果都说实话的话:"我不愿意参加,我讨厌参加!"那就必然惹得对方不愉快,甚至耿耿于怀,见了面不跟你打招呼。如果你换一种方式,换一个口气,说:"很对不起,我已经另有约会了。"或者干脆称病不出,这样必能保住对方的面子。即使他知道你说的不是真话,也无大碍,所谓心照不宣者,即此是也。中国是最爱面子的国家,彼此保住面子,大大有利于安定团结,切莫把这种事看作无足轻重。保住面子不就是两利吗?

我认为,这只是说假话或者不说真话,而不是撒谎。

《三国演义》中记载了一个小故事。有一次,曹操率兵出征,行军路上缺了水,士兵都渴得难忍难耐。曹操眉头一皱,计上心头,坐在马上,用马鞭向前一指,说"前面有一片梅子林"。士兵马上口中生津,因为梅子是酸的。于是难关渡过,行军照常。曹操是不是撒了谎?当然是的。但是这个谎又有利于士兵,有利于整个军事行动。算不算是只是说了点假话呢?我不敢妄自评断。

有人说:我们在社会上,甚至在家庭中,都是戴着假面具生活的。这句话似乎有点过了头。但是我们确实常戴面具,又是一个无法否认的事实。现在各商店都大肆提倡微笑服务。试问:售货员的微笑都是真的吗?都没有戴面具吗?恐怕不是,大部分的微笑只能是面具,社会效益和经济效益取决于戴面具熟练的水平。有的售货员有戴面具的天才,有假微笑的特异功能,则能以假乱真,得到了顾客的欢心,寄来了表扬信,说不定还与工资或红包挂上钩。没有这种天才的人,勉强微笑,就必然像电影《瞧这一家子》中陈强的微笑,令顾客毛骨悚然。结果不但拿不到红包,还有被炒鱿鱼的危险。在这里我联想到"顾客是上帝"这个口号,这是完全不正确的,买卖双方,地位相等,哪里有什么上帝!这口号助长了一些尖酸刻薄挑剔成性的顾客的威风,并不利于社会上的安定团结。

总之,我认为,在日常社会交往中,说几句假话,露出点不是出自内心的假笑,还是必要的,甚至是不可避免的。

2000年1月30日

漫谈消费

蒙组稿者垂青，要我来谈一谈个人消费。这实在不是最佳选择。因为我的个人消费决无任何典型意义。如果每个人都像我这样，商店几乎都要关门大吉。商店越是高级，我越敬而远之。店里那一大堆五光十色、争奇斗艳的商品，有的人见了简直会垂涎三尺，我却是看到就头痛，而且窃作腹诽：在这些无限华丽的包装内包的究竟是什么货色，只有天晓得，我觉得人们似乎越来越蠢，我们所能享受的东西，不过只占广告费和包装费的一丁点儿，我们是让广告和包装牵着鼻子走的，愧为"万物之灵"。

谈到消费，必须先谈收入。组稿者让我讲个人的情况，而且越具体越好。我就先讲我个人的具体收入情况。

我在50年代被评为一级教授，到现在已经四十多年了，尚留在世间者已为数不多，可以被视为珍稀动物，通称为"老一级"。

在北京工资区——大概是六区——每月345元。再加上中国科学院哲学社会科学部委员，每月津贴一百元。这个数目今天看起来实为微不足道。然而在当时却是一个颇大的数目，十分"不菲"。我举两个具体的例子：吃一次"老莫"（莫斯科餐厅），大约一元五到两元，汤菜俱全，外加黄油面包，还有啤酒一杯。如果吃烤鸭，不过六七块钱一只。其余依次类推。只需同现在的价格一比，其悬殊立即可见。从工资收入方面来看，这是我一生最辉煌的时期之一。这是以后才知道的，"当时只道是寻常"。到了今天，"老一级"的光荣桂冠仍然戴在头上，沉甸甸的，又轻飘飘的，心里说不出是什么滋味。实际情况却是"昔人已乘黄鹤去，此地空余老桂冠"。我很感谢，不知道是哪一位朋友发明了"工薪阶层"这一个词儿。这真不愧是天才的发明。幸乎？不幸乎？我也归入了这一个"工薪阶层"的行列。听有人说，在某一个城市的某大公司里设有"工薪阶层"专柜，专门对付我们这一号人的。如果真正有的话，这也不愧是一个天才的发明。俗话说："识时务者为俊杰。"他们都是不折不扣的"俊杰"。

　　我这个"老一级"每月究竟能拿多少钱呢？要了解这一点，必须先讲一讲今天的分配制度。现在的分配制度，同 50 年代相比，有了极大的不同，当年在大学里工作的人主要靠工资生活，不懂什么"第二职业"，也不允许有"第二职业"。谁要这样想，这样做，那就是典型的资产阶级思想，是同无产阶级思想对着干的，是最犯忌讳的。今天却大改其道。学校里颇有一些人有种种形式的"第二职业"，甚至"第三职业"。原因十分简单：如果只靠自己的工资，那就生活不下去。以我这个"老一级"为例，账面上的工资我是北大教员中最高的。我每月领到的工资，七扣八扣，拿到手的平均约七百至八百。保姆占掉一半，天然气费、电话费等等，约占掉剩下的四分之一。我实际留在手的只有三百元左右，我要用这些钱来付全体在我家吃饭的四个人的饭钱，这些钱连供一个人吃饭都有点捉襟见肘，何况四个人！"老莫"、烤鸭之类，当然可望而不可即。

　　可是我的生活水平，如果不是提高的话，也决没有降低。难道我点金有术吗？非也。我也有第×职业，这就是爬格子。格子我已经爬了六十多年，渐渐地爬出一些名堂来。时不时地就收到稿费，很多时候，我并不知道是哪一篇文章换来的。外文楼收发室的张师傅说:"季羡林有三多,报纸杂志多,有十几种,都是赠送的;来信多,每天总有五六封,来信者男女老幼都有,大都是不认识的人;汇单多。"我决非守财奴,但是一见汇款单,则心花怒放。爬格子的劲头更加昂扬起来。我没有做过统计,不知道每月究竟能收到多少钱。反正,对每月手中仅留三百元钱的我来说,从来没有感到拮据,反而能大把大把地送给别人或者家乡的学校。我个人的生活水平,确有提高。我对吃,从来没有什么要求。早晨一般是面包或者干馒头,一杯清茶,一碟炒花生米,从来不让人陪我凌晨4点起床,给我做早饭。午晚两餐,素菜为多。我对肉类没有好感。这并不是出于什么宗教信仰,我不是佛教徒,其他教徒也不是。我并不宣扬素食主义。我的舌头也没有生什么病,好吃的东西我是能品尝的。不过我认为,如果一个人成天想吃想喝,仿佛人生的意义与价值就在于吃喝二字。我真觉得无聊,"斯下矣",食足以果腹,不就够了吗?因此,据小保姆告诉,我们平均四个人的伙食费不过五百多元而已。

至于衣着,更不在我考虑之列。在这方面,我是一个"利己主义者"。衣足以蔽体而已,何必追求豪华。一个人穿衣服,是给别人看的。如果一个人穿上十分豪华的衣服，打扮得珠光宝气，天天坐在穿衣镜前，自我欣赏，他（她）不是一个疯子，就是一个傻子。如果只是给别人去看，则观看者的审美能力和审美标准，千差万别，你满足了这一帮人，必然开罪于另一帮人，决不能使人人都高兴，皆大欢喜。反不如我行我素，我就是这一身打扮，你爱看不看，反正我不能让你指挥我，我是个完全自由自主的人。

因此，我的衣服，多半是穿过十年八年或者更长时间的，多半属于博物馆中的货色。俗话说："人靠衣裳马靠鞍。"以衣取人，自古已然，于今犹然。我到大店里去买东西，难免遭受花枝招展的年轻女售货员的白眼。如果有保卫干部在场，他恐怕会对我多加小心，我会成为他的重点监视对象。好在我基本上不进豪华大商店，这种尴尬局面无从感受。

讲到穿衣服，听说要"赶潮"，就是要赶上时代潮流，每季每年都有流行型式或款式，我对这些都是完全的外行。我有我的老主意：以不变应万变。一身蓝色的卡其布中山装，春、夏、秋、冬，永不变化。所以我的开支项下，根本没有衣服这一项。你别说，我们那一套"三十年河东，三十年河西"的"哲学"，有时对衣着型式也起作用。我曾在解放前的1946年在上海买过一件雨衣，至今仍然穿。有的专家说："你这件雨衣的款式真时髦！"我听了以后，大惑不解。经专家指点，原来五十多年流行的款式经过了漫长的沧桑岁月，经过了不知道多少变化，现在又在螺旋式上升的规律的指导下，回到了五十年前款式。我恭听之余，大为兴奋。我守株待兔，终于守到了。人类在衣着方面的一点小聪明，原来竟如此脆弱！

我在本文一开头就说，在消费方面我决不是一个典型的代表。看了我自己的叙述，一定会同意我这个说法的。但是，人类社会极其复杂，芸芸众生，有一箪食一瓢饮者；也有食前方丈，一掷千金者。绫罗绸缎、皮尔·卡丹、燕窝鱼翅、生猛海鲜，这样的人当然也会有的。如果全社会都是我这一号的人，则所有的大百货公司都会关张的，那岂不太可怕了吗？所以，我并不提倡大家以我为师，我不敢这样狂妄。不过，话又说了回来，我仍然认为：吃饭穿衣是为了活着，但是活着决不是为了吃饭穿衣。

原载《东方经济》1997年第4期

走运与倒霉

走运与倒霉，表面上看起来，似乎是绝对对立的两个概念。世人无不想走运，而决不想倒霉。

其实，这两件事是有密切联系的，互相依存的，互为因果的。说极端了，简直是一而二二而一者也。这并不是我的发明创造。两千多年前的老子已经发现了，他说："祸兮福之所倚，福兮祸之所伏。孰知其极？其无正。"老子的"福"就是走运，他的"祸"就是倒霉。

走运有大小之别，倒霉也有大小之别，而两者往往是相通的。走的运越大，则倒的霉也越惨，两者之间成正比。中国有一句俗话说："爬得越高，跌得越重。"形象生动地说明了这种关系。

吾辈小民，过着平平常常的日子，天天忙着吃、喝、拉、撒、睡,操持着柴、米、油、盐、酱、醋、茶。有时候难免走点小运,有的是主动争取来的,有的是时来运转,好运从天上掉下来的。高兴之余,不过喝上二两二锅头,飘飘然一阵了事。但有时又难免倒点小霉,"闭门家中坐,祸从天上来",没有人去争取倒霉的。倒霉以后,也不过心里郁闷几天,对老婆孩子发点小脾气,转瞬就过去了。

但是,历史上和眼前的那些大人物和大款们,他们一身系天下安危,或者系一个地区、一个行当的安危。他们得意时,比如打了一个大胜仗,或者倒卖房地产、炒股票,发了一笔大财,意气风发,踌躇满志,自以为天上天下,唯我独尊。"固一世之雄也",岂二两二锅头了得!然而一旦失败,不是自刎乌江,就是从摩天高楼跳下,"而今安在哉"!

从历史上到现在,中国知识分子有一个"特色",这在西方国家是找不到的。中国历代的诗人、文学家,不倒霉则走不了运。司马迁在《太史公自序》中说:"昔西伯拘羑里,演《周易》;孔子厄陈蔡,作《春秋》;屈原放逐,著《离骚》;左丘失明,厥有《国语》;孙子膑脚,而论兵法;不韦迁蜀,世传《吕览》;韩非囚秦,《说难》《孤愤》;《诗》三百篇,大抵贤圣发愤之所为作也。"司马迁算的这个总账，后来并没有改变。汉以后所有的文学大家，都是在倒霉之后，才写出了震古烁今的杰作。像韩愈、苏轼、李清照、李后主等等一批人，莫不皆然。从来没有过状元宰相成为大文学家的。

　　了解了这一番道理之后，有什么意义呢？我认为，意义是重大的。它能够让我们头脑清醒，理解祸福的辩证关系：走运时，要想到倒霉，不要得意过了头；倒霉时，要想到走运，不必垂头丧气。心态始终保持平衡，情绪始终保持稳定，此亦长寿之道也。

1998年11月2日

牵就与适应

牵就，也作"迁就"。"牵就"和"适应"，是我们说话和行文时常用的两个词儿，含义颇有些类似之处；但是，一仔细琢磨，二者间实有差别，而且是原则性的差别。

根据词典的解释，《现代汉语词典》注"牵就"为"迁就"和"牵强附会"。注"迁就"为"将就别人"，举的例是："坚持原则，不能迁就。"注"将就"为"勉强适应不很满意的事物或环境"。举的例是"衣服稍微小一点，你将就着穿吧！"注"适应"为"适合（客观条件或需要）"。举的例子是"适应环境"。"迁就"这个词儿，古书上也有，《辞源》注为"舍此取彼，委曲求合"。

我说，二者含义有类似之处，《现代汉语词典》注"将就"一词时就使用了"适应"一词。

词典的解释，虽然头绪颇有点乱，但是，归纳起来，"牵就（迁就）"和"适应"这两个词儿的含义还是清楚的。"牵就"的宾语往往是不很令人愉快、令人满意的事情。在平常的情况下，这种事情本来是不能或者不想去做的。极而言之，有些事情甚至是违反原则的，违反做人的道德的，当然完全是不能去做的。但是，迫于自己无法掌握的形势，或者出于利己的私心，或者由于其他的什么原因，非做不行，有时候甚至昧着自己的良心，自己也会感到痛苦的。

根据我个人的语感，我觉得，"牵就"的根本含义就是这样，词典上并没有说清楚。

但是，又是根据我个人的语感，我觉得，"适应"同"牵就"是不相同的。我们每一个人都会经常使用"适应"这个词儿的。不过在大多数的情况下，我们都是习而不察。我手边有一本沈从文先生的《花花朵朵坛坛罐罐》，汪曾祺先生的《代序：沈从文转业之谜》中有一段话说："一切终得变，沈先生是竭力想适应这种'变'的。"这种"变"，指的是解放。沈先生写信给人说："对于过去种种，得决心放弃，从新起始来学习。这个新的起始，并不一定即能配合当前需要，惟必能把握住一个进步原则来肯定，来完成，来促进。"沈从文先生这个"适应"，是以"进步原则"来适应新社会的。这个"适应"是困难的，但是正确的。我们很多人在解放初期都有类似的经验。

再拿来同"牵就"一比较，两个词儿的不同之处立即可见。"适应"的宾语，同"牵就"不一样，它是好的事物，进步的事物；即使开始时有点困难，也必能心悦诚服地予以克服。在我们的一生中，我们会经常不断地遇到必须"适应"的事务，"适应"成功，我们就有了"进步"。

简截说：我们须"适应"，但不能"牵就"。

1998年2月4日

谦虚与虚伪

在伦理道德的范畴中,谦虚一向被认为是美德,应该扬。而虚伪则一向被认为是恶习,应该抑。

然而,究其实际,两者间有时并非泾渭分明,其区别间不容发。谦虚稍一过头,就会成为虚伪。我想,每个人都会有这种体会的。

在世界文明古国中,中国是提倡谦虚最早的国家。在中国最古的经典之一的《尚书·大禹谟》中就已经有了"满招损,谦受益,时(是)乃天道"这样的教导,把自满与谦虚提高到"天道"的水平,可谓高矣。从那以后,历代的圣贤无不张皇谦虚,贬抑自满。一直到今天,我们常用的词汇中仍然有一大批与"谦"字有联系的词儿,比如"谦卑""谦恭""谦和""谦谦君子""谦让""谦顺""谦虚""谦逊"等等,可见"谦"字之深入人心,久而愈彰。

我认为,我们应当提倡真诚的谦虚,而避免虚伪的谦虚,后者与虚伪间不容发矣。

可是在这里我们就遇到了一个拦路虎:什么叫"真诚的谦虚"呢?什么又叫"虚伪的谦虚"?两者之间并非泾渭分明,简直可以说是因人而异,因地而异,因时而异,掌握一个正确的分寸难于上青天。

最突出的是因地而异,"地"指的首先是东方和西方。在东方,比如说中国和日本,提到自己的文章或著作,必须说是"拙作"或"拙文"。在西方各国语言中是找不到相当的词儿的,尤有甚者,甚至可能产生误会。中国人请客,发请柬必须说"洁治菲酌",不了解东方习惯的西方人就会满腹疑团:为什么单单用"不丰盛的宴席"来请客呢?日本人送人礼品,往往写上"粗品"二字,西方人又会问:为什么不用"精品"来送人呢?在西方,对老师,对朋友,必须说真话,会多少,就说多少。如果你说,这个只会一点点儿,那个只会一星星儿,他们就会信以为真,在东方则不会。这有时会很危险的。至于吹牛之流,则为东西方同样所不齿,不在话下。

可是怎样掌握这个分寸呢?我认为,在这里,真诚是第一标准。虚怀若谷,如果是真诚的话,它会促你永远学习,永远进步。有的人永远"自我感觉良好",这种人往往不能进步。康有为是一个著名的例子。他自称,年届而立,天下学问无不掌握。结果说康有为是一个革新家则可,说他是一个学问家则不可。较之乾嘉诸大师,甚至清末民初诸大师,包括他的弟子梁启超在内,他在学术上是没有建树的。

总之,谦虚是美德,但必须掌握分寸,注意东西。在东方谦虚涵盖的范围广,不能施之于西方,此不可不注意者。然而,不管东方或西方,必须出之以真诚,有意的过分的谦虚就等于虚伪。

1998年10月3日

缘分与命运

缘分与命运本来是两个词儿,都是我们口中常说,文中常写的。但是,仔细琢磨起来,这两个词儿含义极为接近,有时达到了难解难分的程度。

缘分和命运可信不可信呢?

我认为,不能全信,又不可不信。

我绝不是为算卦相面的"张铁嘴""王半仙"之流的骗子来张目。算八字算命那一套骗人的鬼话,只要一个异常简单的事实就能揭穿。试问普天之下——番邦暂且不算,因为老外那里没有这套玩意儿——同年、同月、同日、同时生的孩子有几万,几十万,他们一生的经历难道都能够绝对一样吗?绝对的不一样,倒近于事实。

可你为什么又说,缘分和命运不可不信呢?

我也举一个异常简单的事实。只要你把你最亲密的人，你的老伴——或者"小伴"，这是我创造的一个名词儿，年轻的夫妻之谓也——同你自己相遇，一直到"有情人终成了眷属"的经过回想一下，便立即会同意我的意见。你们可能是一个生在天南，一个生在海北，中间经过了不知道多少偶然的机遇，有的机遇简直是间不容发，稍纵即逝，可终究没有错过，你们到底走到一起来了。即使是青梅竹马的关系，也同样有个"机遇"问题。这种"机遇"是报纸上的词儿，哲学上的术语是"偶然性"，老百姓嘴里就叫作"缘分"或"命运"。这种情况，谁能否认，又谁能解释呢？没有办法，只好称之为缘分或命运。

北京西山深处有一座辽代古庙，名叫"大觉寺"。此地有崇山峻岭，茂林流泉，有三百年的玉兰树，二百年的藤萝花，是一个绝妙的地方。将近二十年前，我骑自行车去过一次。当时古寺虽已破败，但仍给我留下了深刻的印象，至今忆念难忘。去年春末，北大中文系的毕业生欧阳旭邀我们到大觉寺去剪彩。原来他下海成了颇有基础的企业家。他毕竟是书生出身，念念不忘为文化做贡献。他在大觉寺里创办了一个明慧茶院，以弘扬中国的茶文化。我大喜过望，准时到了大觉寺。此时的大觉寺已完全焕然一新，雕梁画栋，金碧辉煌，玉兰已开过而紫藤尚开，品茗观茶道表演，心旷神怡，浑然欲忘我矣。

将近一年以来，我脑海中始终有一个疑团：这个英年岐嶷的小伙子怎么会到深山里来搞这么一个茶院呢？前几天，欧阳旭又邀我们到大觉寺去吃饭。坐在汽车上，我不禁向他提出了我的问题。他莞尔一笑，轻声说："缘分！"原来在这之前他携伙伴郊游，黄昏迷路，撞到大觉寺里来。爱此地之清幽，便租了下来，加以装修，创办了明慧茶院。

此事虽小，可以见大。信缘分与不信缘分，对人的心情影响是不一样的。信者胜可以做到不骄，败可以做到不馁，决不至胜则忘乎所以，败则怨天尤人。中国古话说："尽人事而听天命。"首先必须"尽人事"，否则馅儿饼决不会自己从天上落到你嘴里来。但又必须"听天命"。人世间，波诡云谲，因果错综。只有能做到"尽人事而听天命"，一个人才能永远保持心情的平衡。

1998年3月7日

做人与处世

一个人活在世界上，必须处理好三个关系：第一，人与大自然的关系；第二，人与人的关系，包括家庭关系在内；第三，个人心中思想与感情矛盾与平衡的关系。这三个关系，如果能处理得好，生活就能愉快；否则，生活就有苦恼。

人本来也是属于大自然范畴的。但是，人自从变成了"万物之灵"以后，就同大自然闹起独立来，有时竟成了大自然的对立面。人类的衣食住行所有的资料都取自大自然，我们向大自然索取是不可避免的。关键是，怎样去索取？索取手段不出两途：一用和平手段，一用强制手段。我个人认为，东西文化之分野，就在这里。西方对待大自然的基本态度或指导思想是"征服自然"，用一句现成的套话来说,就是用处理敌我矛盾的方法来处理人与大自然的关系。结果呢,从表面上看上去,西方人是胜利了,大自然真的被他们征服了。自从西方产业革命以后,西方人屡创奇迹。楼上楼下,电灯电话。大至宇宙飞船,小至原子,无一不出自西方"征服者"之手。

然而,大自然的容忍是有限度的,它是能报复的,它是能惩罚的。报复或惩罚的结果,人皆见之,比如环境污染,生态失衡,臭氧层出洞,物种灭绝,人口爆炸,淡水资源匮乏,新疾病产生,如此等等,不一而足。这些弊端中哪一项不解决都能影响人类生存的前途。我并非危言耸听,现在全世界人民和政府都高呼环保,并采取措施。古人说:"失之东隅,收之桑榆。"犹未为晚。

中国或者东方对待大自然的态度或哲学基础是"天人合一"。宋人张载说得最简明扼要:"民,吾同胞;物,吾与也。""与"的意思是伙伴。我们把大自然看作伙伴,可惜我们的行为没能跟上。在某种程度上,也采取了"征服自然"的办法,结果也受到了大自然的报复。前不久南北的大洪水不是很能发人深省吗?

至于人与人的关系,我的想法是:对待一切善良的人,不管是家属,还是朋友,都应该有一个两字箴言:

一曰真，二曰忍。真者，以真情实意相待，不允许弄虚作假。对待坏人，则另当别论。忍者，相互容忍也。日子久了，难免有点磕磕碰碰。在这时候，头脑清醒的一方应该能够容忍。如果双方都不冷静，必致因小失大，后果不堪设想。唐朝张公艺的"百忍"是历史上有名的例子。

至于个人心中思想感情的矛盾，则多半起于私心杂念。解之之方，唯有消灭私心，学习诸葛亮的"淡泊以明志，宁静以致远"，庶几近之。

1998 年 11 月 17 日

知足知不足

曾见冰心老人为别人题座右铭:"知足知不足,有为有不为。"言简意赅,寻味无穷。特写短文两篇,稍加诠释。先讲知足知不足。

中国有一句老话"知足常乐",为大家所遵奉。什么叫"知足"呢?还是先查一下字典吧。《现代汉语词典》说:"知足:满足于已经得到的(指生活、愿望等)。"如果每个人都能满足于已经得到的东西,则社会必能安定,天下必能太平,这个道理是显而易见的。可是社会上总会有一些人不安分守己,癞蛤蟆想吃天鹅肉。这样的人往往要栽大跟头的。对他们来说,"知足常乐"这句话就成了灵丹妙药。

但是,知足或者不知足也要分场合的。在旧社会,穷人吃草根树皮，阔人吃燕窝鱼翅。在这样的场合下，你劝穷人知足，能劝得动吗？正相反，应当鼓励他们不能知足，要起来斗争。这样的不知足是正当的，是有重大意义的，它能伸张社会正义，能推动人类社会前进。

除了场合以外，知足还有一个分的问题。什么叫分？笼统言之，就是适当的限度。人们常说的"安分""非分"等等，指的就是限度。这个限度也是极难掌握的，是因人而异、因地而异的。勉强找一个标准的话，那就是"约定俗成"。我想，冰心老人之所以写这一句话，其意不过是劝人少存非分之想而已。

至于知不足，在汉文中虽然字面上相同，其涵义则有差别。这里所谓"不足"，指的是"不足之处"，"不够完美的地方"。这句话同"自知之明"有联系。

自古以来，中国就有一句老话："人贵有自知之明。"这一句话暗示给我们，有自知之明并不容易，否则这一句话就用不着说了。事实上也确实如此。就拿现在来说，我所见到的人，大都自我感觉良好。专以学界而论，有的人并没有读几本书，却不知天高地厚，以天才自居，靠自己一点小聪明——这能算得上聪明吗？——狂傲恣睢，骂尽天下一切文人，大有用一枚毛锥横扫六合之慨，令明眼人感到既可笑，又可怜。这种人往往没有什么出息的。因为，又有一句中国老话："学如逆水行舟，不进则退。"还有一句中国老话"学海无涯"，说的都是真理。但在这些人眼中，他们已经穷了学海之源，往前再没有路了，进步是没有必要的。他们除了自我欣赏之外，还能有什么出息呢？

古代希腊也认为自知之明是可贵的，所以语重心长地说出了："要了解你自己！"中国同希腊相距万里，可竟说了几乎是一模一样的话，可见这些话是普遍的真理。中外几千年的思想史和科学史，也都证明了一个事实：只有知不足的人才能为人类文化做出贡献。

2001年2月21日

有为有不为

"为",就是"做"。应该做的事,必须去做,这就是"有为"。不应该做的事必不能做,这就是"有不为"。

在这里,关键是"应该"二字。什么叫"应该"呢?这有点像仁义的"义"字。韩愈给"义"字下的定义是"行而宜之之谓义"。"义"就是"宜"。而"宜"就是"合适",也就是"应该",但问题仍然没有解决。要想从哲学上从伦理学上说清楚这个问题,恐怕要写上一篇长篇论文,甚至一部大书。我没有这个能力,也认为根本无此必要。我觉得,只要诉诸一般人都能够有的良知良能,就能分辨清是非善恶了,就能知道什么事应该做,什么事不应该做了。

中国古人说:"勿以善小而不为,勿以恶小而为之。"可见善恶是有大小之别的,应该不应该也是有大小之别的,并不是都在一个水平上。什么叫大,什么叫小呢?这里也用不着烦琐的论证,只须动一动脑筋,睁开眼睛看一看社会,也就够了。

小恶、小善,在日常生活中,随时可见。比如在公共汽车上给老人和病人让座,能让,算是小善;不能让,也只能算是小恶,够不上大逆不道。然而,从那些一看到有老人或病人上车就立即装出闭目养神的样子的人身上,不也能由小见大看出了社会道德的水平吗?

至于大善大恶,目前社会中也可以看到,但在历史上却看得更清楚。比如宋代的文天祥。他为元军所虏。如果他想活下去,屈膝投敌就行了,不但能活,而且还能有大官做,最多是在身后被列入"贰臣传","身后是非谁管得",管那么多干吗呀。然而他却高赋《正气歌》,从容就义,留下英名万古传,至今还在激励着我们全国人民的爱国热情。

通过上面举的一个小恶的例子和一个大善的例子,我们大概对大小善和大小恶能够得到一个笼统的概念了。凡是对国家有利,对人民有利,对人类发展、前途有利的事情就是大善,反之就是大恶。凡是对处理人际关系有利，对保持社会安定团结有利的事情可以称之为小善，反之就是小恶。大小之间有时难以区别，这只不过是一个大体的轮廓而已。

大小善和大小恶有时候是有联系的。俗话说：千里之堤，溃于蚁穴。拿眼前常常提到的贪污行为而论。往往是先贪污少量的财物，心里还有点打鼓。但是，一旦得逞，尝到甜头，又没被人发现，于是胆子越来越大，贪污的数量也越来越多，终至于一发而不可收拾，最后受到法律的制裁，悔之晚矣。也有个别的识时务者，迷途知返，就是所谓浪子回头者，然而难矣哉！

我的希望很简单，我希望每个人都能有为有不为。一旦"为"错了，就毅然回头。

2001年2月23日

满招损,谦受益

这本来是中国一句老话,来源极古,《尚书·大禹谟》中已经有了,以后历代引用不辍,一直到今天,还经常挂在人们嘴上。可见此话道出了一个真理,经过将近三千年的检验,益见其真实可靠。

这话适用于干一切工作的人,做学问何独不然?可是,怎样来解释呢?

根据我自己的思考与分析,满(自满)只有一种:真。假自满者,未之有也。吹牛皮,说大话,那不是自满,而是骗人。谦(谦虚)却有两种,一真一假。假谦虚的例子,真可以说是俯拾即是。故作谦虚状者,比比皆是。中国人的"菲酌""拙作"之类的词,张嘴即出。什么"指正""斧正""哂正"之类的送人自己著作的谦词,谁都知道是假的;然而谁也必须这样写。这种谦词已经深入骨髓,不给任何人留下任何印象。日本人赠人礼品,自称"粗品"者,也属于这一类。这种虚伪的谦虚不会使任何人受益。西方人无论如何也是不能理解的。为什么拿"菲酌"而不拿盛宴来宴请客人?为什么拿"粗品"而不拿精品送给别人?对西方人简直是一个谜。

我们要的是真正的谦虚,做学问更是如此。如果一个学者,不管是年轻的,还是中年的、老年的,觉得自己的学问已经够大了,没有必要再进行学习了,他就不会再有进步。事实上,不管你搞哪一门学问,决不会有搞得完全彻底一点问题也不留的。人即使能活上一千年,也是办不到的。因此,在做学问上谦虚,不但表示这个人有道德,也表示这个人是实事求是的。听说康有为说过,他年届三十,天下学问即已学光。仅此一端,就可以证明,康有为不懂什么叫学问,现在有人尊他为"国学大师",我认为是可笑的。他至多只能算是一个革新家。

在当今中国的学坛上,自视甚高者,所在皆是;而真正虚怀若谷者,则绝无仅有。我不认为这是一个好现象。有不少年轻的学者,写过几篇论文,出过几册专著,就傲气凌人。这不利于他们的进步,也不利于中国学术前途的发展。

我自己怎样呢？我总觉得自己不行。我常常讲，我是样样通，样样松。我一生勤奋不辍，天天都在读书写文章，但一遇到一个必须深入或更深入钻研的问题，就觉得自己知识不够，有时候不得不临时抱佛脚。人们都承认，自知之明极难；有时候，我却觉得，自己的"自知之明"过了头，不是虚心，而是心虚了。因此，我从来没有觉得自满过。这当然可以说是一个好现象。但是，我又遇到了极大的矛盾：我觉得真正行的人也如凤毛麟角。我总觉得，好多学人不够勤奋，天天虚度光阴。我经常处在这种心理矛盾中。别人对我的赞誉，我非常感激；但是，我并没有被这些赞誉冲昏了头脑，我头脑是清楚的。我只劝大家，不要全信那一些对我赞誉的话，特别是那些顶高得惊人的帽子，我更是受之有愧。

糊涂一点　潇洒一点

最近一个时期，经常听到人们的劝告：要糊涂一点，要潇洒一点。

关于第一点糊涂问题，我最近写过一篇短文《难得糊涂》。在这里，我把糊涂分为两种，一个叫真糊涂，一个叫假糊涂。普天之下，绝大多数的人，争名于朝，争利于市。尝到一点小甜头，便喜不自胜，手舞足蹈，心花怒放，忘乎所以。碰到一个小钉子，便忧思焚心，眉头紧皱，前途暗淡，哀叹不已。这种人滔滔者天下皆是也。他们是真糊涂，但并不自觉。他们是幸福的，愉快的。愿老天爷再向他们降福。

至于假糊涂或装糊涂，则以郑板桥的"难得糊涂"最为典型。郑板桥一流的人物是一点也不糊涂的。但是现实的情况又迫使他们非假糊涂或装糊涂不行。他们是痛苦的。我祈祷老天爷赐给他们一点真糊涂。

谈到潇洒一点的问题，首先必须对这个词儿进行一点解释。这个词儿圆融无碍，谁一看就懂，再一追问就糊涂。给这样一个词儿下定义，是超出我的能力的。还是查一下词典好。《现代汉语词典》的解释是："（神情、举止、风貌等）自然大方，有韵致，不拘束。"看了这个解释，我吓了一跳。什么"神情"，什么"风貌"，又是什么"韵致"，全是些抽象的东西，让人无法把握。这怎么能同我平常理解和使用的"潇洒"挂上钩呢？我是主张模糊语言的，现在就让"潇洒"这个词儿模糊一下吧。我想到中国六朝时代一些当时名士的举动，特别是《世说新语》等书所记载的，比如刘伶的"死便埋我"，什么雪夜访戴，等等，应该算是"潇洒"吧。可我立刻又想到，这些名士，表面上潇洒，实际上心中如焚，时时刻刻担心自己的脑袋。有的还终于逃不过去，嵇康就是一个著名的例子。

写到这里，我的思维活动又逼迫我把"潇洒"，也像糊涂一样，分为两类：一真一假。六朝人的潇洒是装出来的，因而是假的。

这些事情已经"俱往矣"，不大容易了解清楚。我举一个现代的例子。上一个世纪30年代,我在清华读书的时候,一位教授(姑隐其名)总想充当一下名士,潇洒一番。冬天,他穿上锦缎棉袍,下面穿的是锦缎棉裤,用两条彩色丝带紧紧地系在腿的下部。头上头发也故意梳得油光发亮。他就这样飘飘然走进课堂,顾影自怜,大概十分满意。在学生们眼中,他这种矫揉造作的潇洒,却是丑态可掬,辜负了他一番苦心。

同这位教授唱对台戏的——当然不是有意的——是俞平伯先生。有一天,平伯先生把脑袋剃了个精光,高视阔步,昂然从城内的住处出来,走进了清华园。园内几千人中这是唯一的一个精光的脑袋,见者无不骇怪,指指点点,窃窃私议,而平伯先生则全然置之不理,照样登上讲台,高声朗诵宋代名词,摇头晃脑,怡然自得。朗诵完了,连声高呼:"好!好!就是好!"此外再没有别的话说。古人说:"是真名士自风流。"同那位教英文的教授一比,谁是真风流,谁是假风流;谁是真潇洒,谁是假潇洒,昭然呈现于光天化日之下。

这一个小例子,并没有什么深文奥义,只不过是想辨真伪而已。

为什么人们提倡糊涂一点,潇洒一点呢?我个人觉得,这能提高人们的和为贵的精神,大大地有利于安定团结。

写到这里，这一篇短文可以说是已经写完了。但是，我还想加上一点我个人的想法。

当前，我国举国上下，争分夺秒，奋发图强，巩固我们的政治，发展我们的经济，期能在预期的时间内建成名副其实小康社会。哪里容得半点糊涂、半点潇洒！但是，我们中国人一向是按照辩证法的规律行动的。古人说："文武之道，一张一弛。"有张无弛不行，有弛无张也不行。张弛结合，斯乃正道。提倡糊涂一点，潇洒一点，正是为了达到这个目的的。

2002年12月18日

睁一只眼　闭一只眼

我活了八十多岁,到现在才真正第一次真切地感觉到:我有两只眼睛。

在过去八十多年中,两只眼睛合作得像一只眼睛一样,只有和谐,没有矛盾;只有合作,没有冲突。它俩陪我走过了世界上30个国家,看到过撒哈拉大沙漠,看到过塔克拉玛干大沙漠;看到过尼罗河、幼发拉底河、湄公河,看到过长江、黄河;看到过黄山的云海,看到过泰山的五大夫松;看到过春花,看到过秋月;看到过朝霞,看到过夕照;看到过朋友,看到过敌人;看遍了大千世界的众生相,并且探幽烛微,深窥某一些人的心灵深处。总之,是它们俩帮助我了解了世界,了解了人情。否则我只能是盲人一个,浑浑噩噩,糊涂一生。

然而，我却从未意识到它们竟是两个。

最近，由于白内障，右眼动了手术，而左眼没有动。结果大出我意料：右眼的视力达到了 0.6，能看清我多年认为是黑色的毛衣原来是深蓝色的，我非常惊喜。可是，如果闭上右眼，睁开左眼，我的毛衣仍然是黑色的。这又令我极为扫兴。我的两只合作了八十多年的眼睛，现在忽然闹起矛盾来：它们原来是两个。

这给我带来了极大的困难。

搞我们这一行爬格子的人，看书写字都离不开眼睛。现在两只眼忽然不合作起来，看稿纸，一边是白而亮的；另一边却是阴暗昏黄的，你让我怎样下笔？一不小心，偏听偏信了某一只眼睛，字就会写得出了格子，不成字形。

中国老百姓有一句俗话："睁一只眼，闭一只眼。"意思是看到了非法之事或非法之人，你就睁一只眼，闭一只眼，装作没有看见。这是和稀泥、息事宁人的歪门邪道，不属于中国老百姓崇高的伦理标准。然而奉行此话者却大有人在。我并不赞成，但有时却也想仿效。我是赞成"路见不平，拔刀相助"的。根据眼前的社会风气，我看还是不拔刀为好。有时候你拔刀相助那个人本身一看风头不对，会对你反咬一口的。

如果我现在想运用"睁一只眼,闭一只眼"这个法宝,却凭空增加了困难。我究竟应该闭哪一只眼又睁哪一只眼呢?闭左眼,没有用;因为即使睁开也是白睁,眼前一片昏暗,什么也看不见。如果睁开右眼,则眼前光明辉耀,物无遁形,想装看不见,也是不可能的了。

我现在深悔,不应该为右眼动手术。如果不动的话,则两只眼同样老花昏暗,不法之事和不法之人,我根本看不清,用不着睁一只眼,闭一只眼,就能够六根清净,心地圆融,根本不伤什么脑筋。可我现在既然已经动了,决无恢复原状的可能。那么,怎么办呢?我只能套用李密《陈情表》中的两句话:"羡林进退,实为狼狈。"

1997年9月17日

对待不同意见的态度

端正对待不同意见（我在这里指的只是学术上不同的意见）的态度，是非常不容易办到的一件事。中国古话说："良药苦口利于病，忠言逆耳利于行"，可见此事自古已然。

我对于学术上不同的观点，最初也不够冷静。仔细检查自己内心的活动，不冷静的原因决不是什么面子问题，而是觉得别人的思想方法有问题，或者认为别人并不真正全面地实事求是地了解自己的观点，自己心里十分别扭，简直是堵得难受，所以才不能冷静。

最近若干年来，自己在这方面有了进步。首先，我认为，普天之下的芸芸众生，思想方法就是不一样，五花八门，无奇不有。这是正常的现象，正如人与人的面孔也不能完完全全一模一样相同。要求别人的思想方法同自己一样，是一厢情愿，完全不可能的，也是完全不必要的。其次，不管多么离奇的想法，其中也可能有合理之处。采取其合理之处，扬弃其不合理之处，是唯一正确的办法。至于有人无理攻击，也用不着真正的生气。我有一个怪论：一个人一生不可能没有朋友，也不可能没有非朋友。我在这里不用"敌人"这个词，而用"非朋友"，是因为非朋友不一定就是敌人。最后，我还认为，个人的意见不管一时觉得多么正确，其实这还是一个未知数。时过境迁，也许会发现它并不正确，或者不完全正确。到了此时，必须有勇气公开改正自己的错误意见。梁任公说："不惜以今日之我，攻昨日之我。"这是光明磊落的真正学者的态度。最近我编《东西文化议论集》时，首先自己亮相，把我对"天人合一"思想的"新解"（请注意"新解"中的"新"字）和盘托出，然后再把反对我的意见的文章，只要能搜集到的，都编入书中，让读者自己去鉴别分析。我对广大的读者是充分相信的，他们能够明辨是非。如果我采用与此相反的方式：打笔墨官司，则对方也必起而应战。最初，双方或者还能克制自己，说话讲礼貌，有分寸。但是笔战越久，理性越少，最后甚至互相谩骂，人身攻击。到了这个地步，谁还能不强词夺理、歪曲事实呢？这样就离开真理越来越远了。中国学术史上这样的例子颇为不少。我前些时候在上海《新民晚报》"夜光杯"副刊上写过一篇短文：《真理越辨越明吗？》。我的结论是：在有些时候，真理越辨（辩）越糊涂。是否真理，要靠实践，兼历史和时间的检验。可能有人认为我是在发怪论，我其实是有感而发的。

1997 年

真理愈辨愈明吗？

学者们常说："真理愈辨愈明。"我也曾长期虔诚地相信这一句话。

但是，最近我忽然大彻大悟，觉得事情正好相反，真理是愈辨愈糊涂。

我在大学时曾专修过一门课"西洋哲学史"，后来又读过几本《中国哲学史》和《印度哲学史》。我逐渐发现，世界上没有哪两个或多个哲学家，学说完全是一模一样的。有如大自然中的树叶，没有哪几个是绝对一样的。有多少树叶就有多少样子。在人世间，有多少哲学就有多少学说。每个哲学家都认为自己掌握了真理，有多少哲学家就有多少真理。

专以中国哲学而论，几千年来，哲学家们不知创造了多少理论和术语。表面上看起来，所用的中国字都是一样的；然而哲学家们赋予这些字的含义却不相同。比如韩愈的《原道》是脍炙人口、家喻户晓的。文章开头就说："博爱之谓仁，行而宜之之谓义，由是而之焉之谓道，足乎己无待于外之谓德。"韩愈大概认为，仁、义、道、德就代表了中国的"道"。他的解释简单明了，一看就懂。然而，倘一翻《中国哲学史》，则必能发现，诸家对这四个字的解释多如牛毛，各自自是而非他。

哲学家们辨（分辨）过没有呢？他们辩（辩论）过没有呢？他们既"辨"又"辩"，可是结果怎样呢？结果是让读者如堕入五里雾中。眼花缭乱，无所适从。我顺手举两个中国过去辨和辩的例子。一个是《庄子·秋水》："庄子与惠子游于濠梁之上。庄子曰：'鲦鱼出游从容，是鱼之乐也。'惠子曰：'子非鱼，安知鱼之乐？'庄子曰：'子非我，安知我不知鱼之乐？'"我觉得，惠施还可以答复："子非我，安知我不知子不知鱼之乐？"这样辩论下去，一万年也得不到结果。

还有一个辩论的例子是取自《儒林外史》："丈人道：'……你赊了猪头肉的钱不还，也来问我要，终日吵闹这事，哪里来的晦气！'陈和甫的儿子道：'老爹，假如这猪头肉是你老人家自己吃了，你也要还钱？'丈人道：

'胡说！我若吃了，我自然还。这都是你吃的！'陈和甫儿子道：'设或我这钱已经还过老爹，老爹用了，而今也要还人？'丈人道：'放屁！你是该人的钱，怎是我用你的？'陈和甫儿子道：'万一猪不生这个头，难道它也来问我要钱？'"

　　以上两个辩论的例子，恐怕大家都是知道的。庄子和惠施都是诡辩家，《儒林外史》是讽刺小说。要说这两个对哲学辩论有普遍的代表性，那是言过其实。但是，倘若你细读中外哲学家"辨"和"辩"的文章，其背后确实潜藏着与上面两个例子类似的东西。这样的"辨"和"辩"能使真理愈辨愈明吗？戛戛乎难矣哉！

　　哲学家同诗人一样，都是在作诗。作不作由他们，信不信由你们。这就是我的结论。

1997年10月2日

论怪论

"怪论"这个名词,人所共知。其所以称之为怪者,一般人都不这样说,而你偏偏这样说,遂成异议可怪之论了。

我却要提倡怪论。

但我也并不永远提倡怪论。

历史的经验告诉我们,一个国家、一个民族,需要不需要怪论,是完全由当时历史环境所决定的。如果强敌压境,外寇入侵,这时只能全民一个声音说话,说的必是驱逐外寇,还我山河之类的话,任何别的声音都是不允许的。尤其是汉奸的声音更不能允许。

国家到了承平时期,政通人和,国泰民安,这时候倒是需要一些怪论。如果仍然禁止人们发出怪论,则所谓一个声音者往往是统治者制造出来的,是虚假的。二战期间德国和意大利的法西斯,是最好的证明。

从世界历史上来看,中国的春秋战国时代,怪论最多。有的甚至针锋相对,比如孟子讲性善,荀子讲性恶,是同一个大学派中的内部矛盾。就是这些异彩纷呈的怪论各自沿着自己的路数一代一代地发展下去,成为中华民族文化的渊源和基础。

与此时差不多的是西方的希腊古代文明。在这里也是怪论纷呈,发展下来,成为西方文明的渊源和基础。当时东西文明两大瑰宝,东西相对,交相辉映,共同照亮了人类文明发展的前途。这个现象怎样解释,多少年来,东西学者异说层出,各有独到的见解。我于此道只是略知一二。在这里就不谈了。

怪论有什么用处呢?

某一个怪论至少能够给你提供一个看问题的视角。任何问题都会是极其复杂的,必须从各个视角对它加以研究,加以分析,然后才能求得解决的办法。如果事前不加以足够的调查研究而突然做出决定,其后果实在令人担忧。我们眼前就有这种例子,我在这里不提它了。

现在,我们国家国势日隆,满怀信心向世界大国迈进。在好多年以前,我曾预言,21世纪将是中国的世纪。当时我们的国力并不强。我是根据近几百年来欧美依次显示自己的政治经济力量、科技发展的力量和文化教育的力量而得出的结论。现在轮到我们中国来显示力量了。我预言，50年后，必有更多的事实证实我的看法，谓予不信，请拭目以待。

我希望，社会上能多出些怪论。

2003年6月25日

关于老去

谈老

偶读白香山诗,读到一首《咏老赠梦得》,觉得很有意思,先把诗抄在下面:

  与君俱老也,
  自问老何如。
  眼涩夜先卧,
  头慵朝未梳。
  有时扶杖出,
  尽日闭门居。
  懒照新磨镜,
  休看小字书。
  情于故人重,
  迹共少年疏。

惟是闲谈兴，

相逢尚有余。

老，在人生中，是一件大事。佛家讲生、老、病、死，可见其地位之重要。但是对待老的态度，各个时代的人却是很不相同的。白香山是唐代人。他在这一首诗中表现出来的态度，我觉得还过得去。他是心平气和的，没有叹老嗟贫，没有见白发而心惊，睹颓颜而伤心。这在当时说已经是颇为难得的了。但是，其中也多少有一些消极的东西。比如说懒梳头、不看镜等等。诗中也表现了他的一些心理活动，比如说"情于故人重，迹共少年疏"，这恐怕是古今之所同。我们今天常讲的代沟，不是"迹共少年疏"吗？

到了今天，人间已经换了几次，情况大大地变了。今天，古稀老人，触目皆是，谁也不觉得稀奇了。我相信，我们绝大多数都是唯物主义者，我们认为，老是自然规律，老是人生阶段之一，能达到这个阶段，就是幸福的。大家都想再多活几年，再多给人民做点事情。老以后还有一个阶段，那一个阶段也肯定会来的，这也是自然规律，谁也不会像江淹说的那样："莫不饮恨而吞声。"

至于说"迹共少年疏"，虽然是古今之所同，但是我认为不是不能挽救的。今天我们老人,还有年轻人,在我们思想中的封建的陈旧的东西恐怕是越来越少了吧,我们老人并不会认为,自己一贯正确,永远正确,"嘴上无毛,办事不牢"。我们承认自己阅历多,经验富,但也承认精力衰退,容易保守。年轻人阅历浅,经验少,但是他们精力充沛,最少保守思想。将来的天下毕竟是他们的。我们老年和青年,我相信只要双方都愿意,是能谈得来的。"迹共少年疏",会变为"迹共少年密"(平仄有点不协)的。

1985年6月17日

谈老年

一

我已经到了望九之年,无论怎样说都只能说是老了。但是,除了眼有点不明,耳有点不聪,走路有点晃悠之外,没有什么老相,每天至少还能工作七八个小时。我没有什么老的感觉,有时候还会有点沾沾自喜。

可是我原来并不是这个样子的。

我生来就是一个性格内向、胆小怕事的人。我之所以成为现在这样一个人,完全是环境逼迫出来的。我向无大志。小学毕业后,我连报考赫赫有名的济南省立第一中学的勇气都没有,只报了一个"破正谊"。那种"大丈夫当如是也"的豪言壮语,我认为,只有英雄才能有,与我是不沾边的。

在寿命上，我也是如此。我的第一本账是最多能活到 50 岁，因为我的父母都只活到四十几岁，我绝不会超过父母的。然而，不知道怎么一来，五十之年在我身边倏尔而过，没有留下任何痕迹，我也根本没有想到过。接着是中国老百姓最忌讳的两个年龄：73 岁，孔子之寿；84 岁，孟子之寿。这两个年龄也像白驹过隙一般在我身旁飞过，也没有留下任何痕迹，我也根本没有想到过，到了现在，我就要庆祝米寿了。

早在 50 年代，我才四十多岁，不知为什么忽发奇想，想到自己是否能活到 21 世纪。我生于 1911 年，必须能活到 89 岁才能见到 21 世纪，而 89 这个数字对于我这个素无大志的人来说，简直就是个天文数字。我阅读中外学术史和文学史，有一个别人未必有的习惯，就是注意传主的生年卒月，我吃惊地发现，古今中外的大学者和大文学家活到 90 岁的简直如凤毛麟角。中国宋代的陆游活到 85 岁，可能就是中国诗人之冠了。胆怯如我者，遥望 21 世纪，遥望 89 这个数字，有如遥望海上三山，山在虚无缥缈间，可望而不可即了。

陈岱孙先生长我 11 岁，是世纪的同龄人。当年在清华时，我是外语系的学生，他是经济系主任兼法学院院长，我们可以说是有师生关系。解放后，很长一段时间，我们俩同在全国政协，而且同在社会科学组，我们可以说又成了朋友，成了忘年交。陈先生待人和蔼，处世谨慎，从不说过分过激的话；但是，对我说话，却是相当随便的。他90岁的那一年，我还不到80岁。有一天，他对我说："我并没有感到自己老了。"我当时颇有点吃惊，难道90岁还不能算是老吗？可是，人生真如电光石火，时间真是转瞬即逝，曾几何时，我自己也快到90岁了。不可能的事情成为可能了，不可信的事情成为可信了。"此中有真意，欲辩已无言"，奈之何哉！

1999年7月19日

二

即使自己没有老的感觉，但是老毕竟是一个事实。于是，我也就常常考虑老的问题，注意古今中外诗人、学者涉及老的篇章。在这方面，篇章异常多，内容异常复杂。约略言之，可能有以下几种情况，最普遍最常见的是叹老嗟贫，这种态度充斥于文人的文章中和老百姓的俗话中。老与贫皆非人之所愿，然而谁也回天无力，在万般无奈的情况下，只能叹而且嗟，聊以抒发郁闷而已，其次是故作豪言壮语，表面强硬，内实虚弱。最有名的最为人所称誉的是曹操的名作：

> 老骥伏枥,
>
> 志在千里。
>
> 烈士暮年,
>
> 壮心不已。

初看起来气粗如牛,仔细品味,实极空洞。这有点像在深夜里一个人独行深山野林中故意高声唱歌那样,流露出来的正是内心的胆怯。

对老年这种现象进行平心静气的肌擘理分的文章,在中国好像并不多。最近偶尔翻看杂书,读到了两本书,其中有两篇关于老年的文章,合乎我提到的这个标准,不妨介绍一下。

先介绍古罗马西塞罗(公元前106—前43年)的《论老年》。他是有名的政治家、演说家和散文家,《论老年》是他的《三论》之一。西塞罗先介绍了一位活到107岁的老人的话:"我并没有觉得老年有什么不好。"这就为本文定了调子。接着他说:

> 老年之所以被认为不幸福有四个理由:第一是,它使我们不能从事积极的工作;第二是,它使身体衰弱;第三是,它几乎剥夺了我们所有感官上的快乐;第四是,它的下一步就是死。

他接着分析了这些说法有无道理。他逐项进行了细致的分析，并得出了有积极意义的答复。我在这里只想对第四项作一点补充。老年的下一步就是死，这毫无问题。然而，中国俗话说："黄泉路上无老少。"任何年龄的人都可能死的，也可以说，任何人的下一步都是死。

最后，西塞罗讲到他自己老年的情况。他编纂《史源》第七卷，搜集资料，撰写论文。他接着说：

> 此外，我还在努力学习希腊文；并且，为了不让自己的记忆力衰退，我仿效毕达哥拉斯派学者的方法，每天晚上把我一天所说的话、所听到或所做的事情再复述一遍……我很少感到自己丧失体力……我做这些事情靠的是脑力，而不是体力。即使我身体很弱，不能做这些事情，我也能坐在沙发上享受想象之乐……因为一个总是在这些学习和工作中讨生活的人，是不会察觉自己老之将至的。

这些话说得多么具体而真实呀。我自己的做法同西塞罗差不多。我总不让自己的脑筋闲着，我总在思考着什么，上至宇宙，下至苍蝇，我无所不想。思考锻炼看似是精神的，其实也是物质的。我之所以不感到老之已至，与此有紧密关联。

1999 年 7 月 20 日

三

我现在介绍一下法国散文大家蒙田关于老年的看法,蒙田大名鼎鼎,昭如日月。但是,我对他的散文随笔却有与众不同的看法。他的随笔极多,他愿意怎样写,就怎样写;愿停就停,愿起就起,颇符合中国一些评论家的意见。我则认为,文章必须惨淡经营,这样松松散散,是没有艺术性的表现。尽管蒙田的思想十分深刻,入木三分,但是,这是哲学家的事。文学家可以有这种本领,但文学家最关键的本领是艺术性。

在《蒙田随笔》中有一篇论西塞罗的文章,意思好像是只说他爱好虚荣,对他的文章则只字未提。《蒙田随笔》三卷集最后一篇随笔是《论年龄》,其中涉及老年。在这篇随笔中,同其他随笔一样,文笔转弯抹角,并不豁亮,有古典,也有"今典",颇难搞清他的思路。蒙田先讲,人类受大自然的摆布,常遭不测,不容易活到预期的寿命。他说:"老死是罕见的、特殊的、非一般的。"这话不易理解。下面他又说道:人的活力二十岁时已经充分显露出来。他还说,人的全部丰功伟业,不管何种何类,不管古今,都是三十岁以前而非以后创立的。这意见,我认为也值得商榷。最后,蒙田谈到老年:"有时是身躯首先衰老,有时也会是心灵。"这是符合实际情况的。

蒙田就介绍到这里。

我在上面说到,古今中外谈老年的诗文极多极多,不可能,也不必一一介绍。在这里,我想,有的读者可能要问:"你虽然不感老之已至,但是你对老年的态度怎样呢?"

这问题问得好,是地方,也是时候,我不妨回答一下。我是曾经死过一次的人。读者诸君,千万不要害怕,我不是死鬼显灵,而是活生生的人。所谓"死过一次",只要读过我的《牛棚杂忆》就能明白,不必再细说。总之,从1967年12月以后,我多活一天,就等于多赚了一天,算到现在,我已经多活了,也就是多赚了三十多年了,已经超过了我满意的程度。死亡什么时候来临,对我来说都是无所谓的,我随时准备着开路,而且无悔无恨。我并不像一些魏晋名士那样,表面上放浪形骸,不怕死亡。其实他们的狂诞正是怕死的表现。如果真正认为死亡是微不足道的事,何必费那么大劲装疯卖傻呢?

根据我上面说的那个理由,我自己的确认为死亡是微不足道,极其自然的事。连地球,甚至宇宙有朝一日也会灭亡,戋戋者人类何足挂齿!我是陶渊明的信徒,是听其自然的,"应尽便须尽,何必独多虑"!但是,我还想说明，活下去，我是高兴的。不过，有一个条件，我并不是为活着而活着。我常说，吃饭为了活着，但活着并不是为了吃饭。我对老年的态度约略如此，我并不希望每个人都跟我抱同样的态度。

1999 年 7 月 21 日

再谈老年

　　我在《夜光杯》上已经写过多篇关于老年的文章了。可是今天读了范敬宜先生的《"老泪"何以"浑浊"?》，又得了新的启发，不禁对老年再唠叨上几句。

　　范先生的文章中讲到，齐白石、刘海粟常在书画上写上"年方八十""年方九十"的字样。这事情我是知道的，也亲眼见过的。不知道由于什么原因，我看了总觉得心里不是滋味，觉得过于矫情。这往往使我想到晋代竹林七贤之类的人物，他们以豁达自命，别人也认为他们豁达。他们中有人让一个人携铁锹跟在自己身后，说："死便埋我！"从表面上来看，这对生死问题显得多么豁达。据我看，这正表示他们对死亡念念不忘，是以豁达文恐惧。

好生恶死,好少年恶老年,是人之常情。但是,我们应该有一个正确的生死观,正确的少年和老年观。我觉得,还是中国古代的道家最聪明,他们说:万物方生方死。一下子就把生与死,少年与老年联系在一起了。从生的方面来看,人一下生,是生的开始,同时也是死的开始。你活上一年,是生了一年,但是同时也是向死亡走近了一年。你是应该高兴呢?还是应该厌恶?你是应该喜呢?还是应该惧?

对于这个问题,我觉得,陶渊明的态度最值得赞美。他有一首诗说:"纵浪大化中,不喜亦不惧。应尽便须尽,无复独多虑。"他的"尽"就是死。问题是谁来决定"应"还是"不应"。除非自杀,决定权不在自己手中。既然不在自己手中,你就用不着"多虑"(多操心)。这是最合理的态度。我不相信,人有什么生死轮回。一个人只能生一次,这是一个十分难得的机会,不能轻易放过,只要我们能活一天,我们就必须十分珍视这一天,因为它意味着我们又向死亡前进了一天。我们要抓紧这一天,尽量多做好事,少做或不做坏事。好事就是有利于国家,有利于人民,有利于世界的事。这样做,既能利他,又能利己。损人又不利己的事情是绝对做不得的。至于什么时候"应尽",那既然不能由我们自己决定,也就不必"多虑"了。题写"年方八十""年方九十"的矫情举动要尽量避免。

攀登八宝山,是人人必走的道路。但这不是平常的登山活动,不必努力攀登,争取个第一名。对于这个活动,我一向是主张序齿的,老年人有优待证。但是,这个优待证他可以不使用。我自己反正已经下定决心,决不抢班夺权,决不加塞儿。等到我"应尽"的时候,我会坦然从命,既不"饮恨",也不"吞声"。

2002年4月4日

老年谈老

老年谈老,就在眼前;然而谈何容易!

原因何在呢?原因就在,自己有时候承认老,有时候又不承认,真不知道从何处谈起。

记得很多年以前,自己还不到六十岁的时候,有人称我为"季老",心中颇有反感,应之逆耳,不应又不礼貌,左右两难,极为尴尬。然而曾几何时,在不知不觉中,渐渐地听得入耳了,有时甚至还有点甜蜜感。自己吃了一惊:原来自己真是老了,而且也承认老了。至于这个大转变是从什么时候开始的,自己有点茫然懵然,我正在推敲而且研究。

不管怎样,一个人承认老是并不容易的。我的一位九十岁出头的老师有一天对我说,他还不觉得老,其他可知了。我认为，在这里关键是一个"渐"字。若干年前，我读过丰子恺先生一篇含有浓厚哲理的散文，讲的就是这个"渐"字。这个字有大神通力，它在人生中的作用决不能低估。人们有了忧愁痛苦，如果不渐渐地淡化，则一定会活不下去的。人们逢到极大的喜事，如果不渐渐地恢复平静，则必然会忘乎所以，高兴得发狂。人们进入老境，也是逐渐感觉到的。能够感觉到老，其妙无穷。人们渐渐地觉得老了，从积极方面来讲，它能够提醒你：一个人的岁月决不是取之不尽用之不竭的，应该抓紧时间，把想做的事情做完，做好，免得无常一到，后悔无及。从消极方面来讲，一想到自己的年龄，那些血气方刚时干的勾当就不应该再去硬干。个别喜欢争名于朝、争利于市的人，或许也能收敛一点。老之为用大矣哉！

  我自己是怎样对待老年呢？说来也颇为简单。我虽年届耄耋，内部零件也并不都非常健全；但是我处之泰然，我认为，人上了年纪，有点这样那样的病，是合乎自然规律的，用不着大惊小怪。如果年老了，硬是一点病都没有，人人活上二三百岁甚至更长的时间，那么今天狂呼"老龄社会"者，恐怕连嗓子也会喊哑，而且吓得浑身发抖，连地球也会被压塌的。我不想做长生的梦。

我对老年，甚至对人生的态度是道家的。我信奉陶渊明的两句诗：

　　纵浪大化中，

　　不喜亦不惧。

　　这就是我对待老年的态度。

　　看到我已经有了一把子年纪，好多人都问我：有没有什么长寿秘诀。我的答复是：我的秘诀就是没有秘诀，或者不要秘诀。我常常看到有一些相信秘诀的人，禁忌多如牛毛。这也不敢吃，那也不敢尝，比如，吃鸡蛋只吃蛋清，不吃蛋黄，因为据说蛋黄胆固醇高；动物内脏决不入口，同样因为胆固醇高。有的人吃一个苹果要消三次毒，然后削皮；削皮用的刀子还要消毒，不在话下；削了皮以后，还要消一次毒，此时苹果已经毫无苹果味道，只剩下消毒药水味了。从前有一位化学系的教授，吃饭要仔细计算卡路里的数量，再计算维生素的数量，吃一顿饭用的数学公式之多等于一次实验。结果怎样呢？结果每月饭费超过别人十倍，而人却瘦成一只干巴鸡。一个人到了这个地步，还有什么人生之乐呢？如果再戴上放大百倍的显微镜眼镜，则所见者无非细菌，试问他还能活下去吗？

　　至于我自己呢，我决不这样做，我一无时间，二无兴趣。凡是我觉得好吃的东西我就吃，不好吃的我就不吃，或者少吃，卡路里、维生素统统见鬼去吧。心里没有负担，胃口自然就好，吃进去的东西都能很好地消化。再辅之以腿勤、手勤、脑勤，自然百病不生了。脑勤我认为尤其重要。如果非要让我讲出一个秘诀不行的话，那么我的秘诀就是：千万不要让脑筋懒惰，脑筋要永远不停地思考问题。

我已年届耄耋，但是，专就北京大学而论，倚老卖老，我还没有资格。在教授中，按年龄排队，我恐怕还要排到二十多位以后。我幻想眼前有一个按年龄顺序排列的向八宝山进军的北大教授队伍。我后面的人当然很多。但是向前看，我还算不上排头，心里颇得安慰，并不着急。可是偏有一些排在我后面的比我年轻的人，风风火火，抢在我前面，越过排头，登上山去。我心里实在非常惋惜，又有点怪他们，今天我国的平均寿命已经超过七十岁，比解放前增加了一倍，你们正在精力旺盛时期，为国效力，正是好时机，为什么非要抢先登山不行呢？这我无法阻拦，恐怕也非本人所愿。不过我已下定决心，决不抢先加塞儿。

不抢先加塞儿活下去目的何在呢？要干些什么事呢？我一向有一个自己认为是正确的看法：人吃饭是为

了活着，但活着却不是为了吃饭。到了晚年，更是如此。我还有一些工作要做，这些工作对人民对祖国都还是有利的，不管这个"利"是大是小。我要把这些工作做完，同时还要再给国家培养一些人才。我仍然要老老实实干活，清清白白做人，决不干对不起祖国和人民的事；要尽量多为别人着想，少考虑自己的得失。人过了八十，金钱富贵等同浮云，要多为下一代操心，少考虑个人名利，写文章决不剽窃抄袭，欺世盗名。等到非走不行的时候，就顺其自然，坦然离去，无愧于个人良心，则吾愿足矣。

要说的话已经说完，但是我还想借这个机会发点牢骚。我在上面提到"老龄社会"这个词儿。这个概念我是懂得的，有一些措施我也是赞成的。什么干部年轻化，教师年轻化，我都举双手赞成。但是我对报纸上天天大声叫嚷"老龄社会"，却有极大的反感。好像人一过六十就成了社会的包袱，成了阻碍社会进步的绊脚石，我看有点危言耸听，不知道用意何在。我自己已是老人，我也观察过许多别的老人。他们中游手好闲者有之，躺在医院里不能动的有之，天天提鸟笼持钓竿者有之，如此等等，不一而足。但这只是少数，并不是老人的全部。还有不少老人虽然已经寿登耄耋，年逾期颐，向着白寿甚至茶寿进军，但仍然勤勤恳恳，焚膏继晷，兀兀穷年，难道这样一些人也算是社会的包袱吗？我倒不一定赞成"姜是老的辣"这样一句话。年轻人朝气蓬勃，是我们未来希望之所在，让他们登上要路津，是完全必要的。但是对老年人也不必天天絮絮叨叨，耳提面命："你们已经老了！你们已经不行了！对老龄社会的形成你们不能辞其咎呀！"这样做有什么用处呢？随着生活的日益改善，人们的平均寿命还要提高，将来老年人在社会中所占的比例还要提高。即使你认为这是一件坏事，你也没有法子改变。听说从前钱玄同先生主张，人过四十一律枪毙。这只是愤激之辞，有人作诗讽刺他自己也活过了四十而照样活下去。我们有人老是为社会老龄化担忧，难道能把六十岁以上的人统统赐自尽吗？老龄化同人口多不是一码事。担心人口爆炸，用计划生育的办法就能制止。老龄化是自然趋势，而且无法制止。既然无法制止，就不必瞎嚷，这是徒劳无益的。我总怀疑，"老龄化"这玩意儿也是从外国进口的舶来品。西方人有同我们不同的伦理概念。我们大可以不必东施效颦。质诸高明，以为如何？

  牢骚发完，文章告终，过激之处，万望包容。

1991年7月15日

老少之间

在任何国家、任何时代的任何社会里,总都会有老年人和青少年人同时并存。从年龄上来说,这是社会的两极,中间是中年,这样一些不同年龄的阶层,共同形成了我们的社会,所谓芸芸众生者就是。

从社会方面来讲,这个模式是不变的,是固定的。但是,从每一个人来说,它却是不固定的,经常变动的。今天你是少年,转瞬就是中年。你如果不中途退席的话,前面还有一个老年阶段在等候着你。老年阶段以后呢?那谁都知道,用不着细说。

想要社会安定,就必须处理好这三个年龄阶段之间的关系,特别是社会两极的老年与少年的关系。现在人们有时候讲到"代沟"——我看这也是舶来品——有人说有,有人说无,我是承认有的。因为事实就是如此,是否认不掉的。而且从某种意义上来说,有"代沟"正标明社会在不断前进。如果不前进,"沟"从何来?

承认有"代沟",不就万事大吉。真要想保持社会的安定团结,还必须进一步对"沟"两边的具体情况加以分析。中年这一个中间阶段,我先不说,我只分析老少这两极。

一言以蔽之,这两极各有各的优缺点。老年人人生经历多,识多见广,这是优点。缺点往往是自以为是,执拗固执。动不动就是:我吃的盐比你吃的面还多,我走过的桥比你走过的路还长。个别人仕途失意,牢骚满腹:"世人皆醉而我独醒,世人皆浊而我独清。"简直变成了九斤老太,唠唠叨叨,什么都是从前的好。结果惹得大家都不痛快。

我现在这里特别提出一个我个人观察到的老年人的缺点,就是喜欢说话,喜欢长篇发言。开一个会两小时,他先包办一半,甚至四分之三。别人不耐烦看表,他老眼昏花,不视不见,结果如何?一想便知。听说某大学有一位老教授。开会他一发言,有经验的人士就回家吃饭。酒足饭饱,回来看,老教授的发言还没有结束,仍然在那里"悬河泻水"哩。

因此，我对老年人有几句箴言：老年之人，血气已衰；煞车失灵，戒之在说。

至于年轻人，他们朝气蓬勃，进取心强。在他们眼前的道路上，仿佛铺满了玫瑰花。他们对任何事情都不畏缩，九天揽月，五洋捉鳖，易如反掌，唾手可得。这是一种非常可贵的精神，只能保护，不能挫伤。然而他们的缺点就正隐含在这种优点中。他们只看到玫瑰花的美，只闻到玫瑰花的香；他们却忘记了玫瑰花是带刺的，稍不留心，就会扎手。

那么，怎么办呢？我没有什么高招儿，我只有几句老生常谈：老年少年都要有自知之明，越多越好。老的不要"倚老卖老"，少的不要"倚少卖少"。后一句话是我杜撰出来的，我个人认为，这个杜撰是正确的。老少之间应当互相了解，理解，谅解。最重要的是谅解。有了这个谅解，我们社会的安定团结就有了保证。

1994年7月3日

忘

记得曾在什么地方听过一个笑话：一个人善忘。一天，他到野外去出恭。任务完成后，却找不到自己的腰带了。出了一身汗，好歹找到了，大喜过望，说道："今天运气真不错，平白无故地捡了一条腰带！"一转身，不小心，脚踩到了自己刚才拉出来的屎堆上。于是勃然大怒："这是哪一条混账狗在这里拉了一泡屎？"

这本来是一个笑话，在我们现实生活中，未必会有的。但是，人一老，就容易忘事糊涂，却是经常见到的事。

我认识一位著名的画家，本来是并不糊涂的。但是，年过八旬以后，却慢慢地忘事糊涂起来。我们将近半个世纪以前就认识了，颇能谈得来，而且平常也还是有些接触的。然而，最近几年来，每次见面，他把我的尊姓大名完全忘了。从眼镜后面流出来的淳朴宽厚的目光，落到我的脸上，其中饱含着疑惑的神气。我连忙说："我是季羡林，是北京大学的。"他点头称是。但是，过了没有五分钟，他又问我："你是谁呀！"我敬谨回答如上。在每一次会面中，尽管时间不长，这样尴尬的局面总会出现几次。我心里想：老友确是老了！

有一年，我们邂逅在香港。一位有名的企业家设盛筵，宴嘉宾。香港著名的人物参加者为数颇多，比如饶宗颐、邵逸夫、杨振宁等先生都在其中。宽敞典雅、雍容华贵的宴会厅里，一时珠光宝气，璀璨生辉，可谓极一时之盛。至于菜肴之精美，服务之周到，自然更不在话下了。我同这一位画家老友都是主宾，被安排在主人座旁。但是正当觥筹交错、逸兴遄飞之际，他忽然站了起来，转身要走，他大概认为宴会已经结束，到了拜拜的时候了。众人愕然，他夫人深知内情，赶快起身，把他拦住，又拉回到座位上，避免了一场尴尬的局面。

前几年，中国敦煌吐鲁番学会在富丽堂皇的北京图书馆的大报告厅里举行年会。我这位画家老友是敦煌学界的元老之一，获得了普遍的尊敬。按照中国现行的礼节，必须请他上主席台并且讲话。但是，这却带来了困难。像许多老年人一样，他脑袋里刹车的部件似乎老化失灵。一说话,往往像开汽车一样,刹不住车,说个不停,没完没了。会议是有时间限制的,听众的忍耐也决非无限。在这危难之际,我同他的夫人商议,由她写一个简短的发言稿,往他口袋里一塞,叮嘱他念完就算完事,不悖行礼如仪的常规。然而他一开口讲话,稿子之事早已忘入九霄云外。看样子是打算从盘古开天辟地讲起。照这样下去,讲上几千年,也讲不到今天的会。到了听众都变成了化石的时候,他也许才讲到春秋战国!我心里急如热锅上的蚂蚁,忽然想到:按既定方针办。我请他的夫人上台,从他的口袋掏出了讲稿,耳语了几句。他恍然大悟,点头称是,把讲稿念完,回到原来的座位。于是一场惊险才化险为夷,皆大欢喜。

  我比这位老友小六七岁。有人赞我耳聪目明,实际上是耳欠聪,目欠明。如人饮水,冷暖自知,其中滋味,实不足为外人道也。但是,我脑袋里的刹车部件,虽然老化,尚可使用。再加上我有点自知之明,我的新座右铭是:老年之人,刹车失灵,戒之在说。一向奉行不违,还没有碰到下不了台的窘境。在潜意识中颇有点沾沾自喜了。

  然而我的记忆机构也逐渐出现了问题。虽然还没有达到画家老友那样"神品"的水平,也已颇有可观。在这方面,我是独辟蹊径,创立了有季羡林特色的"忘"

的学派。

我一向对自己的记忆力,特别是形象的记忆,是颇有一点自信的。四五十年前,甚至六七十年前的一个眼神,一个手势,至今记忆犹新,召之即来,显现在眼前,耳旁,如见其形,如闻其声,移到纸上,即成文章。可是,最近几年以来,古旧的记忆尚能保存,对眼前非常熟的人,见面时往往忘记了他的姓名。在第一瞥中,他的名字似乎就在嘴边,舌上。然而一转瞬间,不到十分之一秒,这个呼之欲出的姓名,就蓦地隐藏了起来,再也说不出了。说不出,也就算了,这无关宇宙大事,国家大事,甚至个人大事,完全可以置之不理的。而且脑袋里像电灯似的断了的保险丝,还会接上的。些许小事,何必介意?然而不行,它成了我的一块心病。我像着了魔似的,走路,看书,吃饭,睡觉,只要思路一转,立即想起此事。好像是,如果想不出来,自己就无法活下去,地球就停止了转动。我从字形上追忆,没有结果;我从发音上追忆,结果杳然。最怕半夜里醒来,本来睡得香香甜甜,如果没有干扰,保证一夜幸福。然而,像电光石火一闪,名字问题又浮现出来。古人常说的平旦之气,是非常美妙的,然而此时却美妙不起来了。我辗转反侧,瞪着眼一直瞪到天亮。其苦味实不足为外人道也。但是，不知道是哪一位神灵保佑，脑袋又像电光石火似的忽然一闪，他的姓名一下子出现了。古人形容快乐常说"洞房花烛夜，金榜题名时"，差可同我此时的心情相比。

这样小小的悲喜剧，一出刚完，又会来第二出，有时候对于同一个人的姓名，竟会上演两出这样的戏。而且出现的频率还是越来越多。自己不得不承认，自己确实是老了。郑板桥说："难得糊涂。"对我来说，并不难得，我于无意中得之，岂不快哉！

然而忘事糊涂就一点好处都没有吗？

我认为，有的，而且很大。自己年纪越来越老，对于"忘"的评价却越来越高，高到了宗教信仰和哲学思辨的水平。苏东坡的词说："人有悲欢离合，月有阴晴圆缺，此事古难全。"他是把悲和欢，离和合并提。然而古人说：不如意事常八九。这是深有体会之言。悲总是多于欢，离总是多于合，几乎每个人都是这样。如果造物主——如果真有的话——不赋予人类以"忘"的本领——我宁愿称之为本能——，那么，我们人类在这么多的悲和离的重压下，能够活下去吗？我常常暗自胡思乱想：造物主这玩意儿（用《水浒》的词儿，应该说是"这话儿"）真是非常有意思。他（她？它？）既严肃，又油滑；既慈悲，又残忍。老子说："天地不仁，以万物为刍狗。"这话真说到了点子上。人生下来,既能得到一点乐趣,又必须忍受大量的痛苦,后者所占的比重要多得多。如果不能"忘",或者没有"忘"这个本能,那么痛苦就会时时刻刻都新鲜生动,时时刻刻像初产生时那样剧烈残酷地折磨着你。这是任何人都无法忍受下去的。然而,人能"忘",渐渐地从剧烈到淡漠,再淡漠,再淡漠,终于只剩下一点残痕;有人,特别是诗人,甚至爱抚这一点残痕,写出了动人心魄的诗篇,这样的例子,文学史上还少吗?

因此,我必须给赋予我们人类"忘"的本能的造化小儿大唱赞歌。试问,世界上哪一个圣人、贤人、哲人、诗人、阔人、猛人、这人、那人,能有这样的本领呢?

我还必须给"忘"大唱赞歌。试问:如果人人一点都不忘,我们的世界会成什么样子呢?

遗憾的是,我现在尽管在"忘"的方面已经建立了有季羡林特色的学派,可是自谓在这方面仍是钝根。真要想达到我那位画家朋友的水平,仍须努力。如果想达到我在上面说的那个笑话中人的境界,仍是可望而不可即。但是,我并不气馁,我并没有失掉信心,有朝一日,我总会达到的。勉之哉!勉之哉!

1993年7月6日

老年十忌

我已经在本栏写过谈老年的文章,意犹未尽,再写"十忌"。

忌,就是禁忌,指不应该做的事情。人的一生,都有一些不应该做的事情,这是共性。老年是人生的一个阶段,有一些独特的不应该做的事情,这是特性,老年禁忌不一定有十个。我因受传统的"十全大补""某某十景"之类的"十"字迷的影响,姑先定为十个。将来或多或少,现在还说不准。骑驴看唱本,走着瞧吧。

一忌:说话太多。说话,除了哑巴以外,是每人每天必有的行动。有的人喜欢说话,有的人不喜欢,这决定于一个人的秉性,不能强求一律。我在这里讲忌说话太多,并没有"祸从口出"或"金人三缄其口"的涵义。说话惹祸,不在话多话少,有时候,一句话就能惹大祸。口舌惹祸,也不限于老年人,中年和青年都可能由此致祸。

我先举几个例子。

某大学有一位老教授,道德文章,有口皆碑。虽年逾耄耋,而思维敏锐,说话极有条理。不足之处是:一旦开口,就如悬河泄水,滔滔不绝;又如开了闸,再也关不住,水不断涌出。在那个大学里流传着一个传说:在学校召开的会上,某老一开口发言,有的人就退席回家吃饭,饭后再回到会场,某老谈兴正浓。据说有一次博士生答辩会,规定开会时间为两个半小时,某老参加,一口气讲了两个小时,这个会会是什么结果,答辩委员会的主席会有什么想法和措施,他会怎样抓耳挠腮,坐立不安,概可想见了。

另一个例子是一位著名的敦煌画家。他年轻的时候,头脑清楚,并不喜欢说话。一进入老境,脾气大变,也许还有点老年痴呆症的原因,说话既多又不清楚。有一年,在北京国家图书馆新建的大礼堂中召开中国敦煌吐鲁番学会的年会,开幕式必须请此老讲话。我们都知道他有这个毛病,预先请他夫人准备了一个发言稿,简捷而扼要,塞入他的外衣口袋里,再三叮嘱他,念完就退席。然而,他一登上主席台就把此事忘得一干二净,摆开架子,开口讲话,听口气是想从开天辟地讲起,如果讲到那一天的会议,中间至少有三千年的距离,主席有点沉不住气了。我们连忙采取紧急措施,把他夫人请上台,从他口袋里掏出发言稿,让他照念,然后下台如仪,会议才得以顺利进行。

类似的例子还可以举出一些来,我不再举了。根据我个人的观察,不是每一个老人都有这个小毛病,有的人就没有。我说它是"小毛病",其实并不小。试问,我上面举出的开会的例子,难道那还不会制造极为尴尬的局面吗?当然,话又说了回来,爱说长话的人并不限于老年,中青年都有,不过以老年为多而已。因此,我编了四句话,奉献给老人:年老之人,血气已衰;煞车失灵,戒之在说。

二忌:倚老卖老。50年代和60年代前期,中国政治生活还比较(我只说是"比较")正常的时候,周恩来招待外宾后,有时候会把参加招待的中国同志在外宾走后留下来,谈一谈招待中有什么问题或纰漏,有点总结经验的意味。这时候刚才外宾在时严肃的场面一变而为轻松活泼,大家都争着发言,谈笑风生,有时候一直谈到深夜。

有一次，总理发言时使用了中国常见的"倚老卖老"这个词儿。翻译一时有点迟疑，不知道怎样恰如其分地译成英文。总理注意到了，于是在客人走后就留下中国同志，议论如何翻译好这个词儿。大家七嘴八舌，最终也没能得出满意的结论。我现在查了两部《汉英词典》，都把这个词儿译为 To take advantage of one's seniority or old age，意思是利用自己的年老，得到某一些好处，比如脱落形迹之类。我认为基本能令人满意的；但是"达到脱落形迹的目的"，似乎还太狭隘了一点，应该是"达到对自己有利的目的"。

人世间确实不乏"倚老卖老"的人，学者队伍中更为常见。眼前请大家自己去找。我讲点过去的事情，故事就出在清吴敬梓的《儒林外史》中。吴敬梓有刻画人物的天才，着墨不多，而能活灵活现。第十八回，他写了两个时文家。胡三公子请客：

> 四位走进书房，见上面席间先坐着两个人，方巾白须，大模大样，见四位进来，慢慢立起身。严贡生认得，便上前道："卫先生、随先生都在这里，我们公揖。"当下作过了揖，请诸位坐。那卫先生、随先生也不谦让，仍旧上席坐了。

倚老卖老，架子可谓十足。然而本领却并不怎么样，他们的诗,"且夫""尝谓"都写在内,其余也就是文章批语上采下来的几个字眼。一直到今天,倚老卖老,摆老架子的人大都如此。

平心而论,人老了,不能说是什么好事,老态龙钟,惹人厌恶;但也不能说是什么坏事。人一老,经验丰富,识多见广。他们的经验,有时会对个人,甚至对国家,有些用处的。但是,这种用处是必须经过事实证明的,自己一厢情愿地认为有用处,是不会取信于人的。另外,根据我个人的体验与观察,一个人,老年人当然也包括在里面,最不喜欢别人瞧不起他。一感觉到自己受了怠慢,心里便不是滋味,甚至怒从心头起,拂袖而去。有时闹得双方都不愉快,甚至结下怨仇。这是完全要不得的。一个人受不受人尊敬,完全决定于你有没有值得别人尊敬的地方。在这里,摆架子,倚老卖老,都是枉然的。

三忌:思想僵化。人一老,在生理上必然会老化;在心理上或思想上,就会僵化。此事理之所必然,不足为怪。要举典型,有鲁迅的九斤老太在。

从生理上来看,人的躯体是由血、肉、骨等物质的东西构成的,是物质的东西就必然要变化、老化,以至消逝。生理的变化和老化必然影响心理或思想,这是无法抗御的。但是,变化、老化或僵化却因人而异,并不能一视同仁。有的人早,有的人晚;有的人快,有的人慢。所谓老年痴呆症,只是老化的一个表现形式。

空谈无补于事,试举一标本,加以剖析。远在天边,近在眼前,标本就是我自己。

我已届九旬高龄,古今中外的文人能活到这个年龄者只占极少数。我不相信这是由于什么天老爷、上帝或佛祖的庇祐,而是享了新社会的福。现在,我目虽不太明,但尚能见物;耳虽不太聪,但尚能闻声。看来距老年痴呆和八宝山还有一段距离,我也还没有这样的计划。

但是,思想僵化的迹象我也是有的。我的僵化同别人或许有点不同:它一半自然,一半人为;前者与他人共之,后者则为我所独有。

我不是九斤老太一党,我不但不认为"一代不如一代",而且确信"雏凤清于老凤声"。可是最近几年来,一批"新人类"或"新新人类"脱颖而出,他们好像是一批外星人,他们的思想和举止令我迷惑不解,惶恐不安。这算不算是自然的思想僵化呢?

至于人为的思想僵化,则多一半是一种逆反心理在作祟。就拿穿中山装来做例子。我留德十年,当然是穿西装的。解放以后,我仍然有时改着西装。可是改革开放以来,不知从哪吹来了一股风,一夜之间,西装遍神州大地矣。我并不反对穿西装;但我不承认西装就是现代化的标志,而且打着领带锄地,我也觉得滑稽可笑。于是我自己就"僵化"起来,从此再不着西装,国内国外,大小典礼,我一律蓝色卡其布中山装一袭,以不变应万变矣。

还有一个"化",我不知道怎样称呼它。世界科技进步,一日千里,没有科技,国难以兴,事理至明,无待赘言。科技给人类带来的幸福,也是有目共睹的。但是,它带来了危害,也无法掩饰。世界各国现在都惊呼环保,环境污染难道不是科技发展带来的吗?犹有进者。我突然感觉到,科技好像是龙虎山张天师镇妖瓶中放出来的妖魔,一旦放出来,你就无法控制。只就克隆技术一端言之,将来能克隆人,指日可待。一旦实现,则人类社会迄今行之有效的法律准则和伦理规范,必遭破坏。将来的人类社会变成什么样的社会呢?我有点不寒而栗。这似乎不尽属于"僵化"范畴,但又似乎与之接近。

四忌:不服老。服老,《现代汉语词典》的解释:"承认年老",可谓简明扼要。人上了年纪,是一个客观事实,服老就是承认它,这是唯物主义的态度。反之,不承认,也就是不服老倒迹近唯心了。

中国古代的历史记载和古典小说中，不服老的例子不可胜数，尽人皆知，无须列举。但是，有一点我必须在这里指出来：古今论者大都为不服老唱赞歌，这有点失于偏颇，绝对地无条件地赞美不服老，有害无益。

空谈无补，举几个实例，包括我自己。

1949年春夏之交，解放军进城还不太久，忘记了是出于什么原因，毛泽东的老师徐特立约我在他下榻的翠明庄见面。我准时赶到，徐老当时年已过八旬，从楼上走下，卫兵想去扶他，他却不停地用胳膊肘捣卫兵的双手，一股不服老的劲头至今给我留下了难忘的印象。

再一个例子是北大20年代的教授陈翰笙先生。陈先生生于1896年，跨越了三个世纪，至今仍然健在。他晚年病目失明，但这丝毫也没有影响了他的活动，有会必到。有人去拜访他，他必把客人送到电梯门口。有时还会对客人伸一伸胳膊，踢一踢腿，表示自己有的是劲。前几年，每天还安排时间教青年英文，分文不取。这样的不服老我是钦佩的。

也有人过于服老。年不到五十，就不敢吃蛋黄和动物内脏，怕胆固醇增高。这样的超前服老，我是不敢钦佩的。

至于我自己，我先讲一段经历。是在1995年，当时我已经达到了 84 岁高龄。然而我却丝毫没有感觉到，不知老之已至，正处在平生写作的第二个高峰中。每天跑一趟北大图书馆，几达两年之久，风雪无阻。我已经有点忘乎所以了。一天早晨，我照例四点半起床，到东边那一单元书房中去写作。一转瞬间，肚子里向我发出信号：该填一填它了。一看表，已经六点多了。于是我放下笔，准备回西房吃早点。可是不知是谁把门从外面锁上了，里面开不开。我大为吃惊，回头看到封了顶的阳台上有一扇玻璃窗可以打开。我于是不加思索，立即开窗跳出，从窗口到地面约有一米八高。我一堕地就跌了一个大马趴，脚后跟有点痛。旁边就是洋灰台阶的角，如果脑袋碰上，后果真不堪设想，我后怕起来了。我当天上下午都开了会，第二天又长驱数百里到天津南开大学去作报告。脚已经肿了起来。第三天，到校医院去检查，左脚跟有点破裂。

我这样的不服老，是昏聩糊涂的不服老，是绝对要不得的。

我在上面讲了不服老的可怕，也讲到了超前服老的可笑。然则何去何从呢？我认为，在战略上要不服老，在战术上要服老，二者结合，庶几近之。

五忌：无所事事。这是一个比较复杂的问题，必须细致地加以分析，区别对待，不能一概而论。

达官显宦，在退出政治舞台之后，幽居府邸，"庭院深深深几许"，我辈槛外人无法窥知，他们是无所事事呢，还是有所事事，无从谈起，姑存而不论。

富商大贾，一旦钱赚够了，年纪老了，把事业交给儿子、女儿或女婿，他们是怎样度过晚年的，我们也不得而知，我们能知道的只是钞票不能拿来炒着吃。这也姑且存而不论。

说来说去，我所能够知道的只是工、农和知识分子这些平头老百姓。中国古人说："一事不知，儒者之耻。"今天，我这个"儒者"却无论如何也没有胆量说这样的大话。我只能安分守己，夹起尾巴来做人，老老实实地只谈论老百姓的无所事事。

我曾到过承德，就住在避暑山庄对面的一旅馆里。每天清晨出门散步，总会看到一群老人，手提鸟笼，把笼子挂在树枝上，自己则分坐在山庄门前的石头上，"闲坐说玄宗"。一打听，才知道他们多是旗人，先人是守卫山庄的八旗兵，而今老了，无所事事，只有提鸟笼子。试思：他们除了提鸟笼子外还能干什么呢？他们这种无所事事，不必深究。

北大也有一批退休的老工人，每日以提鸟笼为业。

过去他们常聚集在我住房附近的一座石桥上，鸟笼也是挂在树枝上，笼内鸟儿放声高歌，清脆嘹亮。我走过时，也禁不住驻足谛听，闻而乐之。这一群工人也可以说是无所事事，然而他们又怎样能有所事事呢？

现在我只能谈我自己也是其中一分子，因而我最了解情况的知识分子。国家给年老的知识分子规定了退休年龄，这是合情合理的，应该感激的。但是，知识分子行当不同，身体条件也不相同。是否能做到老有所为，完全取决于自己，不取决于政府。自然科学和技术，我不懂，不敢瞎说。至于人文社会科学，则我是颇为熟悉的。一般说来，社会科学的研究不靠天才火花一时的迸发，而靠长期积累。一个人到了六十多岁退休的关头，往往正是知识积累和资料积累达到炉火纯青的时候。一旦退下，对国家和个人都是一个损失。有进取心有干劲者，可能还会继续干下去的。可是大多数人则无所事事。我在南北几个大学中都听到了有关"散步教授"的说法，就是，一个退休教授天天在校园里溜达，成了全校著名的人物。我没同"散步教授"谈过话，不知道他们是怎样想的。估计他们也不会很舒服。锻炼身体，未可厚非。但是，整天这样"锻炼"，不也太乏味太单调了吗？学海无涯，何妨再跳进去游泳一番，再扎上两个猛子,不也会身心两健吗?蒙田说得好:"如果大脑有事可做,有所制约,它就会在想象的旷野里驰骋,有时就会迷失方向。"

六忌:提当年勇。

我做了一个梦。我驾着祥云或别的什么云,飞上了天宫,在凌霄宝殿多功能厅里,参加了一个务虚会。第一个发言的是项羽。他历数早年指挥雄师数十万,横行天下,各路诸侯皆俯首称臣,他是诸侯盟主,颐指气使,没有敢违抗者。鸿门设宴,吓得刘邦像一只小耗子一般。说到尽兴处,手舞足蹈,吐沫星子乱溅。这时忽然站起来了一位天神,问项羽:四面楚歌、乌江自刎是怎么一回事呀?项羽立即垂下了脑袋,仿佛是一个泄了气的皮球。

第二个发言的是吕布,他手握方天画戟,英气逼人。他放言高论,大肆吹嘘自己怎样戏貂蝉,杀董卓,为天下人民除害;虎牢关力敌关、张、刘三将,天下无敌。正吹得眉飞色舞,一名神仙忽然高声打断了他的发言:"白门楼上向曹操下跪,恳求饶命,大耳贼刘备一句话就断送了你的性命,是怎么一回事呢?"吕布面色立变,流满了汗,立即下台,像一只斗败了的公鸡。

第三个发言的是关羽。他久处天宫,大地上到处都有关帝庙,房子多得住不过来。他威仪俨然,放不下神架子。但发言时,一谈到过五关斩六将,用青龙偃月刀挑起曹操捧上的战袍时,便不禁圆睁丹凤眼,猛抖卧蚕眉,兴致淋漓,令人肃然。但是又忽然站起了一位天官,问道:"夜走麦城是怎么一回事呢?"关公立即放下神架子,神色仓皇,脸上是否发红,不得而知,因为他的脸本来就是红的。他跳下讲台,在天宫里演了一出夜走麦城。

我听来听去,实在厌了,便连忙驾祥云回到大地上,正巧落在绍兴,又正巧阿Q被小D抓住辫子往墙上猛撞,阿Q大呼:"我从前比你阔得多了!"可是小D并不买账。

谁一看都能知道,我的梦是假的。但是,在芸芸众生中,特别是在老年中,确有一些人靠自夸当年勇来过日子。我认为,这也算是一种自然现象。争胜好强也许是人类一种本能。但一旦年老,争胜有心,好强无力,便难免产生一种自卑情结。可又不甘心自卑,于是只有自夸当年勇一途,可以聊以自慰。对于这种情况,别人是爱莫能助的。"解铃还须系铃人",只有自己随时警惕。

现在有一些得了世界冠军的运动员有一句口头禅:从零开始。意思是,不管冠军或金牌多么灿烂辉煌,一旦到手,即成过去,从现在起又要从零开始了。

我觉得,从零开始是唯一正确的想法。

七忌：自我封闭。这里专讲知识分子，别的界我不清楚。但是，行文时也难免涉及社会其他阶层。

中国古人说："人生识字忧患始。"其实不识字也有忧患。道家说，万物方生方死。人从生下的一刹那开始，死亡的历程也就开始了。这个历程可长可短，长可能到一百年或者更长，短则几个小时，几天，少年夭折者有之，英年早逝者有之，中年弃世者有之，好不容易，跌跌撞撞，坎坎坷坷，熬到了老年，早已心力交瘁了。

能活到老年，是一种幸福，但也是一种灾难。并不是每一个人都能活到老年，所以说是幸福。但是老年又有老年的难处，所以说是灾难。

老年人最常见的现象或者灾难是自我封闭。封闭，有行动上的封闭，有思想感情上的封闭，形式和程度又因人而异。老年人有事理广达者，有事理欠通达者。前者比较能认清宇宙万物以及人类社会发展的规律，了解到事物的改变是绝对的，不变是相对的，千万不要要求事物永恒不变。后者则相反，他们要求事物永恒不变；即使变，也是越变越坏，上面讲到的九斤老太就属于此类人。这一类人，即使仍然活跃在人群中，但在思想感情方面他们却把自己严密地封闭起来了。这是最常见的一种自我封闭的形式。

空言无益，试举几个例子。

我在高中读书时，有一位教经学的老师，是前清的秀才或举人。"五经"和"四书"背得滚瓜烂熟，据说还能倒背如流。他教我们《书经》和《诗经》，从来不带课本，业务是非常熟练的。

可学生并不喜欢他。因为他张口闭口："我们大清国怎样怎样。"学生就给他起了一个诨名"大清国"，他真实的姓名反隐而不彰了。我们认为他是老顽固，他认为我们是新叛逆。我们中间不是代沟，而是万丈深渊，是他把自己完全封闭起来了。

再举一个例子。我有一位老友，写过新诗，填过旧词，毕生研究中国文学史，都达到了相当高的水平。他为人随和，性格开朗，并没有什么乖僻之处。可是，到了最近几年，突然产生了自我封闭的现象，不参加外面的会，不大愿意见人，自己一个人在家里高声唱歌。我曾几次以老友的身份，劝他出来活动活动，他都婉言拒绝。他心里是怎样想的，至今对我还是一个谜。

我认为，老年人不管有什么形式的自我封闭现象，都是对个人健康不利的。我奉劝普天下老年人力矫此弊。同青年人在一起，即使是"新新人类"吧，他们身上的活力总会感染老年人的。

八忌：叹老嗟贫。叹老嗟贫，在中国的读书人中，是常见的现象，特别是所谓怀才不遇的人们中，更是特别突出。我们读古代诗文，这样的内容随时可见。在现代的知识分子中，这样的现象比较少见了，难道这也是中国知识分子进化或进步的一种表现吗？

我认为，这是一个十分值得研究的课题。它是中国知识分子学和中西知识分子比较学的重要内容。

我为什么又拉扯上了西方知识分子呢？因为他们与中国的不同，是现成的参照系。

西方的社会伦理道德标准同中国不同，实用主义色彩极浓。一个人对社会有能力做贡献，社会就尊重你。一旦人老珠黄，对社会没有用了，社会就丢弃你，包括自己的子孙也照样丢弃了你，社会舆论不以为忤。当年我在德国哥廷根时，章士钊的夫人也同儿子住在那里，租了一家德国人的三楼居住。我去看望章伯母时，走过二楼，经常看到一间小屋关着门，门外地上摆着一碗饭，一丝热气也没有。我最初认为是喂猫或喂狗用的。后来一打听，才知道是给小屋内卧病不起的母亲准备的饭菜。同时，房东还养了一条大狼狗，一天要吃一斤牛肉。这种天上人间的情况无人非议，连躺在小屋内病床上的老太太大概也会认为所有这一切都是顺理成章的吧。

在这种狭隘的实用主义大潮中,西方的诗人和学者极少极少写叹老嗟贫的诗文。同中国比起来,简直不成比例。

在中国,情况则大大的不同。中国知识分子一向有"学而优则仕"的传统。过去一千多年以来,仕的途径只有一条,就是科举。"千军万马独木桥",所有的读书人都拥挤在这一条路上,从秀才一举人向上爬,爬到进士参加殿试,僧多粥少,极少数极幸运者可以爬完全程,"仕宦而至将相,富贵而归故乡",达到这个目的万中难得一人。大家只要读一读《儒林外史》,便一目了然。在这样的情况下,倘若科举不利,老而又贫,除了叹老嗟贫以外,实在无路可走了。古人说"诗必穷而后工",其中"穷"字也有科举不利这个涵义。古代大官很少有好诗文传世,其原因实在耐人寻味。

今天,时代变了。但是"学而优则仕"的幽灵未泯,学士、硕士、博士、院士代替了秀才、举人、进士、状元。骨子里并没有大变。在当今知识分子中,一旦有了点成就,便立即披上一顶乌纱帽,这现象难道还少见吗?

今天的中国社会已能跟上世界潮流,但是,封建思想的残余还不容忽视。我们都要加以警惕。

九忌:老想到死。好生恶死,为所有生物之本能。我们只能加以尊重,不能妄加评论。

作为万物之灵的人，更是不能例外。俗话说："黄泉路上无老少。"可是人一到了老年，特别是耄耋之年，离那一个长满了野百合花的地方越来越近了，此时常想到死，更是非常自然的。

今人如此，古人何独不然！中国古代的文学家、思想家、骚人、墨客大都关心生死问题。根据我个人的思考，各个时代是颇不相同的。两晋南北朝时期似乎更为关注。粗略地划分一下，可以分为三派。第一派对死十分恐惧，而且敢于十分坦荡地说了出来。这一派可以江淹为代表。他的《恨赋》一开头就说："试望平原，蔓草萦骨，拱木敛魂。人生到此，天道宁论。"最后几句话是："自古皆有死。莫不饮恨而吞声。"话说得再清楚不过了。

第二派可以"竹林七贤"为代表。《世说新语·任诞第二十三》第一条就讲到阮籍、嵇康、山涛、刘伶、阮咸、向秀和王戎"常集于竹林之中，肆意酣畅"，这是一群酒徒。其中最著名的刘伶命人荷锸跟着他，说："死便埋我！"对死看得十分豁达。实际上，情况正相反，他们怕死怕得发抖，聊作姿态以自欺欺人耳。其中当然还有逃避残酷的政治迫害的用意。

第三派可以陶渊明为代表。他的意见具见他的诗《神释》中。诗中有这样的话："老少同一死，贤愚无复数。日醉或能忘,将非促龄具!立善常所欣,谁当为此举?甚念伤吾生,正宜委运去。纵浪大化中,不喜亦不惧。应尽便须尽,无复独多虑。"他反对酗酒麻醉自己,也反对常想到死。我认为,这是最正确的态度。最后四句诗成了我的座右铭。

我在上面已经说到,老年人想到死,是非常自然的。关键是:想到以后,自己抱什么态度。惶惶不可终日,甚至饮恨吞声,是最要不得,这样必将成陶渊明所说的"促龄具"。最正确的态度是顺其自然,泰然处之。

鲁迅不到五十岁,就写了有关死的文章。王国维则说:"五十之年,只欠一死。"结果投了昆明湖。我之所以能泰然处之,有我的特殊原因。"十年浩劫"中,我已走到过死亡的边缘上,一个千钧一发的偶然性救了我。从那以后,多活一天,我都认为是多赚的。因此就比较能对死从容对待了。

我在这里诚挚奉劝普天之下的年老又通达事理的人,偶尔想一下死,是可以的;但不必老想。我希望大家都像我一样,以陶渊明《神释》诗最后四句为座右铭。

十忌:愤世嫉俗。愤世嫉俗这个现象,没有时代的限制,也没有年龄的限制。古今皆有,老少具备,但以年纪大的人为多。它对人的心理和生理都会有很大的危害，也不利于社会的安定团结。

世事发生必有其因。愤世嫉俗的产生也自有其原因。归纳起来，约有以下诸端：

首先，自古以来，任何时代，任何朝代，能完全满足人民大众的愿望者，绝对没有。不管汉代的文景之治怎样美妙，唐代的贞观之治和开元之治怎样理想，宫廷都难免腐败，官吏都难免贪污，百姓就因而难免不满，其尤甚者就是愤世嫉俗。

其次，"学而优则仕"达不到目的，特别是科举时代名落孙山者，人不在少数，必然愤世嫉俗。这在中国古代小说中可以找出不少的典型。

再次，古今中外都不缺少自命天才的人。有的真有点天才或者才干，有的则只是个人妄想，但是别人偏不买账，于是就愤世嫉俗。其尤甚者，如西方的尼采要"重新估定一切价值"，又如中国的徐文长，结果无法满足，只好自己发了疯。

最后，也是最常见的，对社会变化的迅猛跟不上，对新生事物看不顺眼，是九斤老太一党；九斤老太不识字，只会说："一代不如一代"，识字的知识分子，特别是老年人，便表现为愤世嫉俗，牢骚满腹。

以上只是一个大体的轮廓，不足为据。

在中国文学史上，愤世嫉俗的传统，由来已久。《楚辞》的"黄钟毁弃，瓦缶雷鸣"等语就是最早的证据之一。以后历代的文人多有愤世嫉俗之作，形成了知识分子性格上一大特点。

我也算是一个知识分子，姑以我自己为麻雀，加以剖析。愤世嫉俗的情绪和言论，我也是有的。但是，我又有我自己的表现方式。我往往不是看到社会上的一些不正常现象而牢骚满腹，怪话连篇，而是迷惑不解，惶恐不安。我曾写文章赞美过代沟，说代沟是人类进步的象征。这是我真实的想法。可是到了目前，我自己也傻了眼，横亘在我眼前的像我这样老一代人和一些"新人类""新新人类"之间的代沟，突然显得其阔无限，其深无底，简直无法逾越了，仿佛把人类历史断成了两截。我感到恐慌，我不知道这样发展下去将伊于胡底。我个人认为，这也是愤世嫉俗的一种表现形式，是要不得的；可我一时又改变不过来，为之奈何！

我不知道，与我想法相同或者相似的有没有人在，有的话，究竟有多少人。我想来想去，觉得还是毛泽东的两句诗好："牢骚太盛防肠断，风物长宜放眼量。"

2000 年 2 月 22 日写毕

老年四"得"

著名的历史学家周一良教授,在他去世前的一段时间内,在一些公开场合,讲了他的或者他听到的老年健身法门。每一次讲,他都是眉开眼笑、眉飞色舞,十分投入。他讲了四句话:吃得进,拉得出,睡得着,想得开。这话我曾听过几次。我在心里第一个反应是:这有什么好讲的呢?不就是这样子吗?

一良先生不幸逝世以后,迫使我时常想到一些与他有关的事情,以上四句话,四个"得",当然也在其中。我越想越觉得,这四句话确实很平凡;但是,人世间真正的真理不都是平凡的吗?真理蕴藏于平凡中,世事就是如此。

前三句话,就是我们所说的吃喝拉撒睡那一套,是每一个人每天都必须处理的,简直没有什么还值得考虑和研究的价值,但这是年轻人和某一些中年人的看法。当年我在清华大学读书的时候,从来没想到这四个"得"的问题,因为它们不成问题。当时听说一个个子高大的同学患失眠症,我大惊失色。我睡觉总是睡不够的,一个人怎么会能失眠呢?失眠对我来说简直像是一个神话。至于吃和拉,更是不在话下。每一顿饭,如果少吃了一点,则不久就感到饿意。"二战"期间我在德国时,饿得连地球都想吞下去(借用俄国文豪果戈理《巡按使》中的话)。有一次下乡帮助农民摘苹果,得到四五斤土豆,我回家后一顿吃光,幸而没有撑死。怎么能够吃不下呢?直到80岁,拉对我也从来没有成为问题。

可是,"如今一切都改变"。前三个"得",对我都成问题了。三天两头,总要便秘一次。吃了三黄片或果导,则立即变为腹泻。弄得我束手无策,不知所措。至于吃,我可以说,现在想吃什么就有什么。然而有时却什么也不想吃。偶尔有点饿意,便大喜若狂,昭告身边的朋友们:"我害饿了!"睡眠则多年来靠舒乐安定过日子。不值一提了。

我认为,周一良先生的四"得"的要害是第四个,也就是"想得开"。人,虽自称为"万物之灵",对于其他生物可以任意杀害，也并不总是高兴的。常言道："不如意事常八九，可与言人无二三。"这两句话对谁都适合。连叱咤风云的君王和大独裁者，以及手持原子弹吓唬别的民族的新法西斯头子，也不会例外。对待这种情况，万应神药只有一味，就是"想得开"。可惜绝大多数人做不到。尤其是我提到的三种人。他们想不开，也根本不想想得开，最后只能成为不齿于人类的狗屎堆。

想不开的事情很多，但统而言之不出名利二字，所谓"名缰利索"者便是。世界上能有几人真正逃得出这个缰和这条索？对于我们知识分子，名缰尤其难逃。逃不出的前车之鉴比比皆是。周一良先生的第四"得"，我们实在应深思。它不但适用于老年人，对中青年人也同样适用。

2002年6月16日

八十述怀

我从来没有想到,我能活到八十岁;如今竟然活到了八十岁,然而又一点也没有八十岁的感觉。岂非咄咄怪事!

我向无大志,包括自己活的年龄在内。我的父母都没能活过五十;因此,我自己的原定计划是活到五十。这样已经超过了父母,很不错了。不知怎么一来,宛如一场春梦,我活到了五十岁。那时正值所谓三年自然灾害。我流年不利,颇挨了一阵子饿。但是,我是"曾经沧海难为水",在第二次世界大战时,我正在德国,我经受了而今难以想象的饥饿的考验,以致失去了饱的感觉。我们那一点灾害,同德国比起来,真如小巫见大巫;我从而顺利地度过了那一场灾难,而且我当时的精神面貌是我一生最好的时期,一点苦也没有感觉到,于不知不觉中冲破了我原定的年龄计划,度过了五十岁大关。

　　五十一过,又仿佛一场春梦似的,一下子就到了古稀之年,不容我反思,不容我踟躇。其间跨越了一个"十年浩劫"。我当然是在劫难逃,被送进牛棚。我现在不知道应当感谢哪一路神灵:佛祖、上帝、安拉;由于一个万分偶然的机缘,我没有走上绝路,活下来了。活下来了,我不但没有感到特别高兴,反而时有悔愧之感在咬我的心。活下来了,也许还是有点好处的。我一生写作翻译的高潮,恰恰出现在这个期间。原因并不神秘:我获得了余裕和时间。在"浩劫"期间,我被打得一佛出世,二佛升天。后来不打不骂了,我却变成了"不可接触者"。在很长时间内,我被分配挖大粪,看门房,守电话,发信件。没有以前的会议,没有以前的发言。没有人敢来找我,很少人有勇气同我谈上几句话。一两年内,没收到一封信。我服从任何人的调遣与指挥。只敢规规矩矩,不敢乱说乱动。然而我的脑筋还在,我的思想还在,我的感情还在,我的理智还在。我不甘心成为行尸走肉,我必须干点事情。二百多万字的印度大史诗《罗摩衍那》,就是在这时候译完的。"雪夜闭门写禁文",自谓此乐不减羲皇上人。

又仿佛是一场缥缈的春梦，一下子就活到了今天，行年八十矣，是古人称之为耄耋之年了。倒退二三十年，我这个在寿命上胸无大志的人，偶尔也想到耄耋之年的情况：手拄拐杖，白须飘胸，步履维艰，老态龙钟。自谓这种事情与自己无关，所以想得不深也不多。哪里知道，自己今天就到了这个年龄了。今天是新年元旦。从夜里零时起，自己已是不折不扣的八十老翁了。然而这老景却真如古人诗中所说的"青霭入看无"，我看不到什么老景。看一看自己的身体，平平常常，同过去一样。看一看周围的环境，平平常常，同过去一样。金色的朝阳从窗子里流了进来，平平常常，同过去一样。楼前的白杨，确实粗了一点，但看上去也是平平常常，同过去一样。时令正是冬天，叶子落尽了，但是我相信，它们正蜷缩在土里，做着春天的梦。水塘里的荷花只剩下残叶，"留得残荷听雨声"，现在雨没有了，上面只有白皑皑的残雪。我相信，荷花们也蜷缩在淤泥中，做着春天的梦。总之，我还是我，依然故我；周围的一切也依然是过去的一切……

我是不是也在做着春天的梦呢？我想，是的。我现在也处在严寒中，我也梦着春天的到来。我相信英国诗人雪莱的两句话："既然冬天已经到了，春天还会远吗？"我梦着楼前的白杨重新长出了浓密的绿叶；我梦着池塘里的荷花重新冒出了淡绿的大叶子；我梦着春天又回到了大地上。

可是我万万没有想到，"八十"这个数字竟有这样大的威力，一种神秘的威力。"自己已经八十岁了！"我吃惊地暗自思忖。它逼迫着我向前看一看，又回头看一看。向前看，灰蒙蒙的一团，路不清楚，但也不是很长。确实没有什么好看的地方。不看也罢。

而回头看呢，则在灰蒙蒙的一团中，清晰地看到了一条路，路极长，是我一步一步地走过来的，这条路的顶端是在清平县的官庄。我看到了一片灰黄的土房，中间闪着苇塘里的水光，还有我大奶奶和母亲的面影。这条路延伸出去，我看到了泉城的大明湖。这条路又延伸出去，我看到了水木清华，接着又看到德国小城哥廷根斑斓的秋色，上面飘动着我那母亲似的女房东和祖父似的老教授的面影。路陡然又从万里之外折回到神州大地，我看到了红楼，看到了燕园的湖光塔影。令人泄气而且大煞风景的是，我竟又看到了牛棚的牢头禁子那一副牛头马面似的狞恶的面孔。再看下去，路就缩住了，一直缩到我的脚下。

在这一条十分漫长的路上，我走过阳关大道，也走过独木小桥。路旁有深山大泽，也有平坡宜人；有杏花春雨，也有塞北秋风；有山重水复，也有柳暗花明；有迷途知返，也有绝处逢生。路太长了，时间太长了，影子太多了，回忆太重了。我真正感觉到，我负担不了，也忍受不了，我想摆脱掉这一切，还我一个自由自在身。

回头看既然这样沉重，能不能向前看呢？我上面已经说到，向前看，路不是很长，没有什么好看的地方。我现在正像鲁迅的散文诗《过客》中的那一个过客。他不知道是从什么地方走来的，终于走到了老翁和小女孩的土屋前面，讨了点水喝。老翁看他已经疲惫不堪，劝他休息一下。他说："从我还能记得的时候起，我就在这么走，要走到一个地方去，这地方就在前面。我单记得走了许多路，现在来到这里了。我接着就要走向那边去……况且还有声音在前面催促我，叫唤我，使我息不下。"那边，西边是什么地方呢？老人说："前面，是坟。"小女孩说："不，不，不的。那里有许多野百合，野蔷薇，我常常去玩，去看它们的。"

我理解这个过客的心情，我自己也是一个过客。但是却从来没有什么声音催着我走，而是同世界上任何人一样，我是非走不行的，不用催促，也是非走不行的。走到什么地方去呢？走到西边的坟那里，这是一切人的

八十述怀

归宿。我记得屠格涅夫的一首散文诗里，也讲了这个意思。我并不怕坟，只是在走了这么长的路以后，我真想停下来休息片刻。然而我不能，不管你愿意不愿意，反正是非走不行。聊以自慰的是，我同那个老翁还不一样，有的地方颇像那个小女孩，我既看到了坟，也看到野百合和野蔷薇。

我面前还有多少路呢？我说不出，也没有仔细想过。冯友兰先生说："何止于米？相期以茶。""米"是八十八岁，"茶"是一百零八岁。我没有这样的雄心壮志。我是"相期以米"。这算不算是立大志呢？我是没有大志的人，我觉得这已经算是大志了。

我从前对穷通寿夭也是颇有一些想法的。"十年浩劫"以后，我成了陶渊明的志同道合者。他的一首诗，我很欣赏：

纵浪大化中，

不喜亦不惧。

应尽便须尽，

无复独多虑。

我现在就是抱着这种精神，昂然走上前去。只要有可能，我一定做一些对别人有益的事，决不想成为行尸走肉。我知道，未来的路也不会比过去的更笔直，更平坦。但是我并不恐惧。我眼前还闪动着野百合和野蔷薇的影子。

1991年1月1日

九十述怀

杜甫诗"人生七十古来稀",对旧社会来说,这是完全正确的,因为它符合实际情况。但是,到了今天,老百姓却创造了三句顺口溜:"七十小弟弟,八十多来兮,九十不稀奇。"这也是完全正确的,因为它符合实际情况。

但是,对我来说,却另有一番纠葛。我行年九十矣,是不是感到不稀奇呢?答案是:不是,又是。不是者,我没有感到不稀奇,而是感到稀奇,非常的稀奇。我曾在很多地方都说过,我在任何方面都是一个没有雄心壮志的人,我不会说大话,不敢说大话,在年龄方面也一样。我的第一本账只计划活四十岁到五十岁。因为我的父母都只活了四十多岁,遵照遗传的规律,遵照传统伦理道德，我不能也不应活得超过了父母。我又哪里知道，仿佛一转瞬间，我竟活过了从心所欲不逾矩之年，又进入了耄耋的境界，要向期颐进军了。这样一来，我能不感到稀奇吗？

但是，为什么又感到不稀奇呢？从目前的身体情况来看，除了眼睛和耳朵有点不算太大的问题和腿脚不太灵便外，自我感觉还是良好的，写一篇一两千字的文章，倚椅可待。待人接物，应对进退，还是"难得糊涂"的。这一切都同十年前，或者更长的时间以前，没有什么两样。李太白诗"高堂明镜悲白发"，我不但发已全白（有人告诉我，又有黑发长出），而且秃了顶。这一切也都是事实，可惜我不是电影明星，一年照不了两次镜子，那一切我都不视不见。在潜意识中，自己还以为是"朝如青丝"哩。对我这样无知无识、麻木不仁的人，连上帝也没有办法。在这样的情况下，我怎么能会不感到不稀奇呢？

但是，我自己又觉得，我这种精神状态之所以能够产生，不是没有根据的。我国现行的退休制度，教授年龄是六十岁到七十岁。可是，就我个人而论，在学术研究上，我的冲刺起点是在八十岁以后。开了几十年的会，经过了不知道多少次政治运动，做过不知道多少次自我检查，也不知道多少次对别人进行批判，最后又经历了"十年浩劫"，"对酒当歌，人生几何？"我自己的一生就是这样白白地消磨过去了。如果不是造化小儿对我垂青，制止了我实行自己年龄计划的话，在我八十岁以前（这也算是高寿了）就"遽归道山"，我留给子孙后代的东西恐怕是不会多的。不多也不一定就是坏事。留下一些不痛不痒、灾祸梨枣的所谓著述，对任何人都没有好处。但是，对我自己来说，恐怕就要"另案处理"了。

在从八十岁到九十岁这个十年内，在我冲刺开始以后，颇有一些值得纪念的甜蜜的回忆。在撰写我一生最长的一部长达八十万字的著作《糖史》的过程中，颇有一些情节值得回忆，值得玩味。在长达两年的时间内，我每天跑一趟大图书馆，风雨无阻，寒暑无碍。燕园风光旖旎，四时景物不同。春天姹紫嫣红，夏天荷香盈塘，秋天红染霜叶，冬天六出蔽空。称之为人间仙境，也不为过。然而，在这两年中，我几乎天天都在这样瑰丽的风光中行走。可是我都视而不见，甚至不视不见。未名湖的涟漪，博雅塔的倒影，被外人视为奇观的胜景，也未能逃过我的漠然，懵然，无动于衷。我心中想到的只是大图书馆中的盈室满架的图书，鼻子里闻到的只有那里的书香。

《糖史》的写作完成以后，我又把阵地从大图书馆移到家中来。运筹于斗室之中，决战于几张桌子之上。我研究的对象变成了吐火罗文Ａ方言的《弥勒会见记剧本》。这也不是一颗容易咬的核桃，非用上全力不行。最大的困难在于缺乏资料，而且多是国外的资料。没有办法，只有时不时地向海外求援。现在虽然号称为信息时代，可是我要的消息多是刁钻古怪的东西，一时难以搜寻，我只有耐着性子恭候。舞笔弄墨的朋友，大概都能体会到，当一篇文章正在进行写作时，忽然断了电，你心中真如火烧油浇，然而却毫无办法，只盼喜从天降了，只能听天由命了。此时燕园旖旎的风光，对于我似有似无，心里想到的，切盼的只有海外的来信。如此又熬了一年多，《弥勒会见记剧本》英译本终于在德国出版了。

　　两部著作完了以后，我平生大愿算是告一段落。痛定思痛，蓦地想到了，自己已是望九之年了。这样的岁数，古今中外的读书人能达到的只有极少数。我自己竟能置身其中，岂不大可喜哉！

　　我想停下来休息片刻，以利再战。这时就想到，我还有一个家。在一般人心目中，家是停泊休息的最好的港湾。我的家怎样呢？直白地说，我的家就我一个孤家寡人，我就是家，我一个人吃饱了，全家不害饿。这样一来，我应该感觉很孤独了吧。然而并不。我的家庭"成员"实际上并不止我一个"人"。我还有四只极为活泼可爱的，一转眼就偷吃东西的，从我家乡山东临清带来的白色波斯猫，眼睛一黄一蓝。它们一点礼节都没有，一点规矩都不懂，时不时地爬上我的脖子，为所欲为，大胆放肆。有一只还专在我的裤腿上撒尿。这一切我不但不介意，而且顾而乐之，让猫们的自由主义恶性发展。

我的家庭"成员"还不止这样多，我还养了两只山大小校友张衡送给我的乌龟。乌龟这玩意儿，现在名声不算太好，但在古代却是长寿的象征。有些人的名字中也使用"龟"字，唐代就有李龟年、陆龟蒙等等。龟们的智商大概低于猫们，它们决不会从水中爬出来爬上我的肩头。但是，龟们也自有龟之乐，当我向它们喂食时，它们伸出了脖子，一口吞下一粒，它们显然是愉快的。可惜我遇不到惠施，他决不会同我争辩，我何以知道龟之乐。

我的家庭"成员"还没有到此为止，我还饲养了五只大甲鱼。甲鱼，在一般老百姓嘴里叫"王八"，是一个十分不光彩的名称，人们讳言之。然而我却堂而皇之地养在大磁缸内，一视同仁，毫无歧视之心。是不是我神经出了毛病？用不着请医生去检查，我神经十分正常。我认为，甲鱼同其他动物一样有生存的权利。称之为王八，是人类对它的诬蔑，是向它头上泼脏水。可惜甲鱼无知，不会向世界最高法庭上去状告人类，还要要求赔偿名誉费若干美元，而且要登报声明。我个人觉得，人类在新世纪、新千年中最重要的任务是处理好与大自然的关系。恩格斯已经警告过我们，不要过分陶醉于我们对自然界的胜利。对每一次这样的胜利，自然界都报复了我们。一百多年来的历史事实，日益证明了恩格斯警告之正确与准确。在新世纪中，人类首先必须改恶向善，改掉乱吃其他动物的恶习。人类必须遵守宋代大儒张载的话："民吾同胞，物吾与也"，把甲鱼也看成是自己的伙伴，把大自然看成是自己的朋友，而不是征服的对象。这样一来，人类庶几能有美妙光辉的前途。至于对我自己，也许有人认为我是《世说新语》中的人物，放诞不经。如果真正有的话，那就，那就——由它去吧。

再继续谈我的家和我自己。

我在"十年浩劫"中，自己跳出来反对那位倒行逆施的"老佛爷"，被打倒在地，被戴上了无数顶莫须有的帽子，天天被打，被骂。最初也只觉得滑稽可笑。但"谎言说上一千遍，就变成了真理"，最后连我自己都怀疑起来了："此身合是坏人未？泪眼迷离问苍天。"其实我并没有那么坏；但在许多人眼中，我已经成了一个

"不可接触者"。

　　然而，世事多变，人间正道。不知道是怎么一来，我竟转身一变成了一个"极可接触者"。我常以知了自比。知了的幼虫最初藏在地下，黄昏时爬上树干，天一明就脱掉了旧壳，长出了翅膀，长鸣高枝，成了极富诗意的虫类，引得诗人"倚杖柴门外，临风听暮蝉"了。我现在就是一只长鸣高枝的蝉，名声四被，头上的桂冠比"文革"中头上戴的高帽子还要高出多多，有时候我自己都觉得脸红。其实我自己深知，我并没有那么好。然而，我这样发自肺腑的话，别人是不会相信的。这样一来，我虽孤家寡人，其实家里每天都是热闹非凡。有一位多年的老同事，天天到我家里来"打工"，处理我的杂务，照顾我的生活，最重要的事情是给我读报，读信，因为我眼睛不好。还有就是同不断打电话来或者亲自登门来的自称是我的"崇拜者"的人们打交道。学校领导因为觉得我年纪已大，不能再招待那么多的来访者，在我门上贴出了通告，想制约一下来访者的袭来，但用处不大，许多客人都视而不见，照样敲门不误。有少数人竟在门外荷塘边上等上几个钟头。除了来访者打电话者外，还有扛着沉重的录像机而来的电视台的导演和记者，以及每天都收到的数量颇大的信件和刊物。有一些年青的大中学生，把我看成了有求必应的土地爷，或者能预言先知的季铁嘴，向我请求这请求那，向我倾诉对自己父母都不肯透露的心中的苦闷。这些都要我那位"打工"的老同事来处理，我那位打工者此时就成了拦驾大使。想尽花样，费尽唇舌，说服那些想来采访，想来拍电视的好心和热心又诚心的朋友们，请他们少安毋躁。这是极为繁重而困难的工作，我能深切体会。其忙碌困难的情况，我是能理解的。

最让我高兴的是，我结交了不少新朋友。他们都是著名的书法家、画家、诗人、作家、教授。我们彼此之间，除了真挚的感情和友谊之外，决无所求于对方。我是相信缘分的，"有缘千里来相会，无缘对面不相识"，缘分是说不明道不白的东西，但又确实存在。我相信，我同朋友之间就是有缘分的。我们一见如故，无话不谈。没见面时，总惦记着见面的时间；既见面则如鱼得水，心旷神怡；分手后又是朝思暮想，忆念难忘。对我来说，他们不是亲属，胜似亲属。有人说："人生得一知己足矣。"我得到的却不只是一个知己，而是一群知己。有人说我活得非常滋润。此情此景，岂是"滋润"二字可以了得！

我是一个呆板保守的人，秉性固执。几十年养成的习惯，我决不改变。一身卡其布的中山装，国内外不变，季节变化不变,别人认为是老顽固,我则自称是"博物馆的人物",以示"抵抗",后发制人。生活习惯也决不改变。四五十年来养成了早起的习惯,每天早晨四点半起床,前后差不了五分钟。古人说"黎明即起",对我来说,这话夏天是适合的;冬天则是在黎明之前几个小时,我就起来了。我五点吃早点,可以说是先天下之早点而早点。吃完立即工作。我的工作主要是爬格子。几十年来,我已经爬出了上千万的字。这些东西都值得爬吗?我认为是值得的。我爬出的东西不见得都是精金粹玉,都是甘露醍醐,吃了能让人升天成仙。但是其中决没有毒药,决没有假冒伪劣,读了以后至少能让人获得点享受,能让人爱国、爱乡、爱人类、爱自然、爱儿童、爱一切美好的东西。总之一句话,能让人在精神境界中有所收益。我常常自己警告说:人吃饭是为了活着,但活着决不是为了吃饭。人的一生是短暂的,决不能白白把生命浪费掉。如果我有一天工作没有什么收获,晚上躺在床上就疚愧难安,认为是慢性自杀。爬格子有没有名利思想呢?坦白地说,过去是有的。可是到了今天,名利对我都没有什么用处了,我之所以仍然爬,是出于惯性,其他冠冕堂皇的话,我说不出。"爬格不知老已至,名利于我如浮云",或可能道出我现在的心情。

你想到过死没有呢？我仿佛听到有人在问。好，这话正问到节骨眼上。是的，我想到过死，过去也曾想到死，现在想得更多而已。在"十年浩劫"中，在1967年，一个千钧一发般的小插曲使我避免了走上"自绝于人民的"道路。从那以后，我认为，我已经死过一次，多活一天，都是赚的，到现在已经三十多年了，我真赚了个满堂满贯，真成为一个特殊的大富翁了。但人总是要死的，在这方面，谁也没有特权，没有豁免权。虽然常言道："黄泉路上无老少。"但是老年人毕竟有优先权。燕园是一个出老寿星的宝地。我虽年届九旬，但按照年龄顺序排队，我仍落在十几名之后。我曾私自发下宏愿大誓：在向八宝山的攀登中，我一定按照年龄顺序鱼贯而登，决不抢班夺权，硬去加塞儿。至于事实究竟如何，那就请听下回分解了。

既然已经死过一次，多少年来，我总以为自己已经参悟了人生。我常拿陶渊明的四句诗当作座右铭："纵浪大化中，不喜亦不惧。应尽便须尽，无复独多虑。"现在才逐渐发现，我自己并没能完全做到。常常想到死，就是一个证明，我有时幻想，自己为什么不能像朋友送给我摆在桌上的奇石那样，自己没有生命，但也决不会有死呢？我有时候也幻想：能不能让造物主勒住时间前进的步伐，让太阳和月亮永远明亮，地球上一切生物都停住不动，不老呢？哪怕是停上十年八年呢？大家千万不要误会，认为我怕死怕得要命。决不是那样。我早就认识到，永远变动，永不停息，是宇宙根本规律，要求不变是荒唐的。万物方生方死，是至理名言。江文通《恨赋》中说："自古皆有死，莫不饮恨而吞声。"那是没有见地的庸人之举，我虽庸陋，水平还不会那样低。即使我做不到热烈欢迎大限之来临，我也决不会饮恨吞声。

但是，人类是心中充满了矛盾的动物，其他动物没有思想，也就不会有这样多的矛盾。我忝列人类的一分子，心里面的矛盾总是免不了的。我现在是一方面眷恋人生，一方面却又觉得，自己活得实在太辛苦了，我想休息一下了。我向往庄子的话："大块载我以形，劳我以生。"大家千万不要误会，以为我就要自杀。自杀那玩意儿我决不会再干了。在别人眼中，我现在活得真是非常非常惬意了。不虞之誉，纷至沓来；求全之毁，几乎绝迹。我所到之处，见到的只有笑脸，感到的只有温暖。时时如坐春风，处处如沐春雨，人生至此，实在是真应该满足了。然而，实际情况却并不完全是这样惬意。古人说："不如意事常八九。"这话对我现在来说也是适用的。我时不时地总会碰到一些令人不愉快的事情，让自己的心情半天难以平静。即使在春风得意中，我也有自己的苦恼。我明明是一头瘦骨嶙峋的老牛，却有时被认成是日产鲜奶千磅的硕大的肥牛。已经挤出了奶水五百磅，还求索不止，认为我打了埋伏。其中情味，实难以为外人道也。这逼得我不能不想到休息。

我现在不时想到，自己活得太长了，快到一个世纪了。九十年前，山东临清县一个既穷又小的官庄出生了一个野小子，竟走出了官庄，走出了临清，走到了济南，走到了北京，走到了德国；后来又走遍了几个大洲，几十个国家。如果把我的足迹画成一条长线的话，这条长线能绕地球几周。我看过埃及的金字塔，看过两河流域的古文化遗址，看过印度的泰姬陵，看过非洲的撒哈拉大沙漠，以及国内外的许多名山大川。我曾住过总统府之类的豪华宾馆，会见过许多总统、总理一级的人物，在流俗人的眼中，真可谓极风光之能事了。然而，我走过的漫长的道路并不总是铺着玫瑰花的，有时也荆棘丛生。我经过山重水复，也经过柳暗花明；走过阳关大道，也走过独木小桥。我曾到阎王爷那里去报到，没有被接纳。终于曲曲折折，颠颠簸簸，坎坎坷坷，磕磕碰碰，走到了今天。现在就坐在燕园朗润园中一个玻璃窗下，写着《九十述怀》。窗外已是寒冬。荷塘里在夏天接天映日的荷花，只剩下干枯的残叶在寒风中摇曳。玉兰花也只留下光秃秃的枝干在那里苦撑。但是，我知道，我仿佛看到荷花蜷曲在冰下淤泥里做着春天的梦；玉兰花则在枝头梦着"春意闹"。它们都在活着，只是暂时地休息，养精蓄锐，好在明年新世纪、新千年中开出更多更艳丽的花朵。

　　我自己当然也在活着。可是我活得太久了，活得太累了。歌德暮年在一首著名的小诗中想到休息。我也真想休息一下了。但是，这是绝对不可能的。我就像鲁迅笔下的那一位"过客"那样，我的任务就是向前走，向前走。前方是什么地方呢？老翁看到的是坟墓，小女孩看到的是野百合花。我写《八十述怀》时，看到的是野百合花多于坟墓，今天则倒了一个个儿，坟墓多而野百合花少了。不管怎样，反正我是非走上前去不行的，不管是坟墓，还是野百合花，都不能阻挡我的步伐。冯友兰先生的"何止于米"，我已经越过了米的阶段。下一步就是"相期以茶"了。我觉得，我目前的选择只有眼前这一条路，这一条路并不遥远。等到我十年后再写《百岁述怀》的时候，那就离茶不远了。

2000 年 12 月 20 日

九三述怀

前几天,在医院里过了一个生日,心里颇为高兴;但猛然一惊:自己已经又增加了一岁,现在是九十三岁了。

在五十多年前,当我处在四十岁阶段的时候,九十三这个数字好像是一个天文数字,可望而不可即。我当时的想法是:我大概只能活到四五十岁。因为我的父母都没有超过这个年龄,由于X基因或Y基因的缘故,我决不能超过这个界限的。

然而人生真如电光石火,一转瞬间已经到了九十三岁。只有在医院里输液的时候感到时间过得特别慢以外,其余的时间则让我感到快得无法追踪。

近两年来,运交华盖,疾病缠身,多半是住在医院中。医院里的生活,简单而又烦琐。我是因一种病到医院里来的,入院以后,又患上了其他的病。在我入院前后所患的几种病中最让人讨厌的是天疱疮。手上起泡出水,连指甲盖下面都充满了水,是一种颇为危险的病。从手上向臂上发展,发展到一定的程度,就有性命危险。来到三〇一医院,经李恒进大夫诊治,药到病除,真正是妙手回春。后来又患上了几种别的病。有一种是前者的发展,改变了地方,改变了形式,长在了右脚上,黑黢黢脏兮兮的一团,大概有一斤多重。我自己看了都恶心。有时候简直想把右脚砍掉,看你这些丑类到何处去藏身!幸亏老院长牟善初的秘书周大夫不知从哪里弄到了一种平常的药膏,抹上,立竿见影,脏东西除掉了。为了对付这一堆脏东西,三〇一医院曾组织过三次专家会诊,可见院领导对此事之重视。

你想到了死没有?想到过的,而且不止一次。不这样也是不可能的。人类是生物的一种,凡是生物,莫不好生而恶死,包括植物在内,一概如此。人们常说:好死不如赖活着。江淹《恨赋》中说:"自古皆有死,莫不饮恨而吞声。"我基本上也不能脱这个俗。但是,我有我的特殊经历,因此,我有我的生死观。我在"十年浩劫"中,实际上已经死过一次。在《牛棚杂忆》中对此事有详细的叙述，我在这里不再重复。现在回忆起来，让我吃惊的是，临死前心情竟是那样平静，那样和谐。什么"饮恨"，什么"吞声"，根本不沾边儿。有了这样的独特的经历，即使再想到死，一点恐惧之感也没有了。

总起来说，我的人生观是顺其自然，有点接近道家。我生平信奉陶渊明的四句诗："纵浪大化中，不喜亦不惧。应尽便须尽，无复独多虑。"在这里一个关键的字是"应"。谁来决定"应""不应"呢？一个人自己，除了自杀以外，是无权决定的。因此，我觉得，对个人的生死大事不必过分考虑。

我最近又发明了一个公式：无论什么人，不管是男是女，不管是外国人还是中国人，也不管是处在什么年龄阶段，同阎王爷都是等距离的。中国有两句俗话："阎王叫你三更死，不能留人到五更。"这都说明，人们对自己的生死大事是没有多少主动权的。但是，只要活着，就要活得像个人样子。尽量多干一些好事，千万不要去干坏事。

人们对自己的生命也并不是一点主观能动性都没有的。人们不都在争取长寿吗？在林林总总的民族之林中，中国人是最注重长寿，甚至长生的。在过去几千年的历史上，我们创造了很多长寿甚至长生的故事。什么"王子去求仙,丹成入九天。山中方七日,世上几千年。"这实在没有什么意义。一些历史上的皇帝,甚至英明之主,为了争取长生,"为药所误"。唐太宗就是一个好例子。

中国古代文人对追求长生有自己的表达方式。苏东坡词:"谁道人生无再少?门前流水尚能西。休将白发唱黄鸡。"在这里出现"再少"这个词儿。肉体上的再少,是不可能的,时间不能倒转的。我的理解是,如果老年人能做出像少年的工作,这就算是"再少"了。

我现在算不算是"再少",我自己不敢说。反正我从来不敢懈怠,从来不倚老卖老。我现在既向后看,回忆过去的九十年;也向前看,看到的不是八宝山,而是活过一百岁。眼前就有我的好榜样。上海的巴金,长我七岁;北京的臧克家,长我六岁,都仍然健在。他们的健在给了我信心,给了我勇气,也给了我灵感。我想同他们竞赛,我们都会活到一百多岁的。

但是,我并不是为活着而活着。活着不是我的目的,而是我的手段。前辈学人陈翰笙先生,当他一百岁时人们为他在人民大会堂祝寿的时候,他眼睛已经失明多年,身体也不见得怎么好。可是,请他讲话的时候,他第一句话就是:"我要工作。"全堂为之振奋不已。

我觉得,中国人民在过去几千年的历史上成就了许多美德,其中一条是"鞠躬尽瘁,死而后已"(出自《三国志·蜀书·诸葛亮传》)。这能代表我们中华民族伟大的一个方面,在几千年的历史上起着作用,至今不衰。

在历史上,我们的先人对人生还有一些细致入微而又切中要害的感悟。我举一个例子。多少年来,社会上流传着两句话:不如意事常八九,能与人言无二三。根据我们每一个人的亲身体会,这两句话是完全没有错的。在我们的生活中,在我们的社会交往中,尽管有不少令人愉快的如意的事情,但也不乏不愉快不如意的事情。年年如此,月月如此,天天如此。这个平凡的真理也不是最近才发现的。宋代的伟大词人辛稼轩就曾写道:"肘后俄生柳。叹人生、不如意事,十常八九。"这颇能道出古今人人心中都会有的想法。我们老年人对此更应该加强警惕,因为不如意事有的是人招惹出来的。老年人,由于生理的制约,手和脑都会不太灵光,招惹不如意事的机会会更多一些。我原来的原则是随遇而安,近来我又提高了一步:知足常乐,能忍自安。境界显然提高了一步。

写到这里,我想写一个看来与我的主题无关而实极有关的问题:中西高级知识分子比较研究。所谓高级知识分子,无非是教授、研究员、著名的艺术家——画家、音乐家、歌唱家、演员等等。这个题目,在过去似乎还没有人研究过。我个人经过比较长期的思考,觉得其间当然有共性,都是知识分子嘛;但是区别也极大。简短截说,西方高级知识分子大多数是自了汉,就是只管自己那一亩三分地里的事情,有点像过去中国老农那一种"老婆、孩子、热炕头,外加二亩地、一头牛"的样子。只要不发生战争,他们的工资没有问题,可以安心治学,因此成果显著地比我们多。他们也不像我们几乎天天开会,天天在运动中。我们的高知继承了中国自古以来知识分子(士)的传统,家事、国事、天下事,事事关心。中国古代的皇帝们最恨知识分子这种毛病。他们希望士们都能夹起尾巴做人。知识分子偏不听话,于是在中国历史上,所谓"文字狱"这种玩意儿就特别多。很多皇帝都搞文字狱。到了清朝,又加上了个民族问题。于是文字狱更特别多。

最后,我还必须谈一谈服老与不服老的辩证关系。所谓服老,就是一个老人必须承认客观现实。自己老了,就要老实承认。过去能做到的事情,现在做不到了,就不要勉强去做。但是,如果完完全全让老给吓住,什么事情都不做,这无异于坐而待毙,是极不可取的行为。人们的主观能动性的能量是颇为可观的。真正把主观能动性发挥出来，就能产生一种不服老的力量。正确处理服老与不服老的关系并不容易，两者之间的关系有点恍兮惚兮，其中有物。但是，这个物是什么，我却说不清楚。领悟之妙，在于一心。普天下善男信女们会想出办法的。

我已经写了不少，为什么写这样多呢？因为我感觉到，我们的生活环境和生活条件，日益改善，将来老年人会越来越多。我现在把自己的一点经历写了出来，供老人们参考。

千言万语，不过是一句话：我们老年人不要一下子躺在老字上，无所事事，我们的活动天地还是够大的。

有道是：

> 走过独木桥，
>
> 跳过火焰山。
>
> 豪情依然在，
>
> 含笑颂九三！

2003 年 8 月 18 日于三〇一医院

九十五岁初度

又碰到了一个生日。一副常见的对联的上联是:"天增岁月人增寿。"我又增了一年寿。庄子说:万物方生方死。从这个观点上来看,我又死了一年,向死亡接近了一年。

不管怎么说,从表面上来看,我反正是增长了一岁,今年算是九十五岁了。

在增寿的过程中,自己在领悟、理解等方面有没有进步呢?

仔细算,还是有的。去年还有一点叹时光之流逝的哀感,今年则完全没有了。这种哀感在人们中是最常见的。然而也是最愚蠢的。"人间正道是沧桑",时光流逝,是万古不易之理。人类,以及一切生物,是毫无办法的。"夫天地者,万物之逆旅;光阴者,百代之过客。"对于这种现象，最好的办法是听之任之，用不着什么哀叹。

我现在集中精力考虑的一个问题是：如何避免"当时只道是寻常"的这种尴尬情况。"当时"是指过去的某一个时间。"现在"，过一些时候也会成为"当时"的。这样一来，我们就会永远有这样的哀叹。我认为，我们必须从事实上，也可以说是从理论上考察和理解这个问题。我想谈两个问题，第一个是如何生活，第二个是如何回忆生活。

先谈第一个问题。

一般人的生活，几乎普遍有一个现象，就是悾偬。用习惯的说法就是匆匆忙忙。五四运动以后，我在济南读到了俞平伯先生的一篇文章。文中引用了他夫人的话："从今以后，我们要仔仔细细过日子了。"言外之意就是嫌眼前日子过得不够仔细，也许就是日子过得太匆匆的意思。怎样才叫仔仔细细呢？俞先生夫妇都没有解释，至今还是个谜。我现在不揣冒昧，加以解释。所谓仔仔细细就是：多一些典雅，少一些粗暴；多一些温柔，少一些莽撞；总之，多一些人性，少一些兽性；如此而已。

至于如何回忆生活，首先必须指出：这是古今中外一个常见的现象。一个人，不管活得多长多短，一生中总难免有什么难以忘怀的事情。这倒不一定都是喜庆的事情，比如洞房花烛夜、金榜题名时之类。这固然使人终生难忘。反过来，像夜走麦城这样的事，如果关羽能够活下来，他也不会忘记的。

总之，我认为，回想一些俱往矣类的事情，总会有点好处。回想喜庆的事情，能使人增加生活的情趣，提高向前进的勇气。回忆倒霉的事情，能使人引以为鉴，不至再蹈覆辙。

现在，我在这里，必须谈一个无论如何也绕不过去的问题：死亡问题。我已经活了九十五年。无论如何也必须承认这是高龄。但是，在另一方面，它离开死亡也不会太远了。

一谈到死亡，没有人不厌恶的。我虽然还不知道，死亡究竟是什么样子，我也并不喜欢它。

写到这里，我想加上一段非无意义的问话。对于寿命的态度，东西方是颇不相同的。中国人重寿，自古已然。汉瓦当文延年益寿，可见汉代的情况。人名李龟年之类，也表示了长寿的愿望。从长寿再进一步，就是长生不老。李义山诗："嫦娥应悔偷灵药，碧海青天夜夜心。"灵药当即不死之药。这也是一些人，包括几个所谓英主在内，所追求的境界。汉武帝就是一个狂热的长生不老的追求者。精明如唐太宗者，竟也为了追求长生不老而服食玉石散之类的矿物,结果是中毒而死。

上述情况,在西方是找不到的。没有哪一个西方的皇帝或国王会追求长生不老。他们认为,这是无稽之谈,不屑一顾。

我虽然是中国人,长期在中国传统文化熏陶下成长起来的;但是,在寿与长生不老的问题上,我却倾向西方的看法。中国民间传说中有不少长生不老的故事,这些东西侵入正规文学中,带来了不少的逸趣,但始终成不了正果。换句话说,就是,中国人并不看重这些东西。

中国人是讲求实际的民族。人一生中,实际的东西是不少的。其中最突出的一个东西就是死亡。人们都厌恶它,但是却无能为力。

上文中我已经涉及死亡问题,现在再谈一谈。一个九十五岁的老人,若不想到死亡,那才是天下之怪事。我认为,重要的事情,不是想到死亡,而是怎样理解死亡。世界上,包括人类在内,林林总总,生物无虑上千上万。生物的关键就在于生,死亡是生的对立面,是生的大敌。既然是大敌,为什么不铲除之而后快呢?铲除不了的。有生必有死,是人类进化的规律。是一切生物的规律,是谁也违背不了的。

对像死亡这样的谁也违背不了的灾难,最有用的办法是先承认它，不去同它对着干，然后整理自己的思想感情。我多年以来就有一个座右铭："纵浪大化中，不喜亦不惧。应尽便须尽，无复独多虑。"是陶渊明的一首诗。"该死就去死，不必多嘀咕。"多么干脆利落！我目前的思想感情也还没有超过这个阶段。江文通《恨赋》最后一句话是："自古皆有死，莫不饮恨而吞声。"我相信，在我上面说的那些话的指引下，我一不饮恨，二不吞声。我只是顺其自然，随遇而安。

我也不信什么轮回转世。我不相信，人们肉体中还有一个灵魂。在人们的躯体还没有解体的时候灵魂起什么作用，自古以来，就没有人说得清楚。我想相信，也不可能。

对你目前的九十五岁高龄有什么想法？我既不高兴，也不厌恶。这本来是无意中得来的东西，应该让它发挥作用。比如说，我一辈子舞笔弄墨，现在为什么不能利用我这一支笔杆子来鼓吹升平，增强和谐呢？现在我们的国家是政通人和、海晏河清。可以歌颂的东西真是太多太多了。歌颂这些美好的事物，九十五年是不够的。因此，我希望活下去。岂止于此，相期以茶。

2006 年 8 月 8 日

养生无术是有术

黄伟经兄来信，为《羊城晚报·健与美副刊》向我索稿。他要我办的事，我一向是敬谨遵命的，这一次也不能例外。但是，健美双谈，我确有困难。我老态龙钟，与美无缘久矣，美是无从谈起了。至于健嘛，却是能谈一点的。

我年届耄耋，慢性病颇有一些。但是，我认为，这完全符合规律，从不介意。现在身躯顽健，十里八里，抬腿就到。每天仍工作七八个小时，论文每天也能写上几千字，毫不含糊。别人以此为怪，我却颇有点沾沾自喜。小友粟德金在 *China Daily* 上写文章，说我有点忘记了自己的年龄。他说到了点子上。我虽忘记了年龄，但却没有忘乎所以，胡作非为。我还是有点自知之明的。

在这样的情况下，很多人总要问我有什么养生之术，有什么秘诀。我的回答是：没有秘诀，也从来不追求什么秘诀。我有一个"三不主义"，这就是，不锻炼，不挑食，不嘀咕。这需要解释一下。所谓"不锻炼"，决不是一概反对体育锻炼。我只是反对那些"锻炼主义者"。对他们来说，天地，一锻炼也，人生，一锻炼也。我觉得，人生的意义与价值就在于工作。工作必须有健康的体魄，但更重要的是，必须有时间。如果大部分时间都用于体育锻炼，这有什么意义呢？至于"不挑食"，那容易了解。不管哪一国的食品，只要合我的口味，我张嘴便吃。什么胆固醇，什么高脂肪，统统见鬼去吧。有些吃东西左挑右拣，战战兢兢，吃鸡蛋不吃黄，吃肉不吃内脏的人，结果胆固醇反而越来越高。我的胆固醇从来没有高过，人皆以为怪，其实有什么可怪呢？至于"不嘀咕"，上面讲的那些话里面实际上已经涉及了。我从来不为自己的健康而愁眉苦脸。有的人无病装病，有的人无病幻想自己有病。我看了感到十分别扭，感到腻味。

我是陶渊明的信徒。他的四句诗：

纵浪大化中，

不喜亦不惧。

应尽便须尽,

无复独多虑。

这就是我的座右铭。

我这一篇短文的题目是:养生无术是有术。初看时恐怕有点难解。现在短文结束了,再回头看这个题目,不是一清二楚了吗?至少我希望是这样。

1993年11月26日

长寿之道

我已经到了望九之年，可谓长寿矣。因此经常有人向我询问长寿之道，养生之术。

我敬谨答曰："养生无术是有术。"

这话看似深奥，其实极为简单明了。我有两个朋友，十分重视养生之道。每天锻炼身体，至少要练上两个钟头。曹操诗曰："对酒当歌，人生几何？"人生不过百年，每天费上两个钟头，统计起来，要有多少钟头啊！利用这些钟头，能做多少事情呀！如果真有用，也还罢了。他们两人，一个先我而走，一个卧病在家，不能出门。

因此，我首创了"三不主义"：不锻炼，不挑食，不嘀咕。名闻全国。

我这个"三不主义",容易招误会,我现在利用这个机会解释一下。我并不绝对反对适当的体育锻炼,但不要过头。一个人如果天天望长寿如大旱之望云霓,而又绝对相信体育锻炼,则此人心态恐怕有点失常,反不如顺其自然为佳。

至于不挑食,其心态与上面相似。常见有人年才逾不惑,就开始挑食,蛋黄不吃,动物内脏不吃,每到吃饭,战战兢兢,如履薄冰,窘态可掬,看了令人失笑。以这种心态而欲求长寿,岂非南辕而北辙!

我个人认为,第三点最为重要。对什么事情都不嘀嘀咕咕,心胸开朗,乐观愉快,吃也吃得下,睡也睡得着,有问题则设法解决之,有困难则努力克服之,决不视芝麻绿豆大的窘境如苏迷庐山般大,也决不毫无原则随遇而安,决不玩世不恭。"应尽便须尽,无复独多虑。"有这样的心境,焉能不健康长寿?

我现在还想补充一点,很重要的一点。根据我个人七八十年的经验,一个人决不能让自己的脑筋投闲置散,要经常让脑筋活动着。根据外国一些科学家实验结果,"用脑伤神"的旧说法已经不能成立,应改为"用脑长寿"。人的衰老主要是脑细胞的死亡。中老年人的脑细胞虽然天天死亡;但人一生中所启用的脑细胞只占细胞总量的四分之一，而且在活动的情况下，每天还有新的脑细胞产生。只要脑筋的活动不停止，新生细胞比死亡细胞数目还要多。勤于动脑筋，则能经常保持脑中血液的流通状态，而且能通过脑筋协调控制全身的功能。

我过去经常说："不要让脑筋闲着。"我就是这样做的。结果是有人说我"身轻如燕，健步如飞"。这话有点过了头，反正我比同年龄人要好些，这却是真的。原来我并没有什么科学根据，只能算是一种朴素的直觉。现在读报纸，得到了上面认识。在沾沾自喜之余，谨作补充如上。

这就是我的"长寿之道"。

1997年10月29日